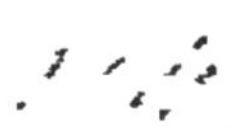

GUIDE

DU

DÉLÉGUÉ CANTONAL

ET DU

DÉLÉGUÉ COMMUNAL

PAR

L'ABBÉ DOYOTTE

OFFICIER D'ACADÉMIE

DÉLÉGUÉ DU CONSEIL DÉPARTEMENTAL DE LA MEURTHE

CINQUIÈME ÉDITION, REVUE ET AUGMENTÉE

PRIX : 1 FRANC

NANCY

VAGNER

IMPRIMEUR-LIBRAIRE-ÉDIT.

Rue du Manége, 3

PARIS

VICTOR SARLIT

LIBRAIRE

Rue de Tournon, 19

1878

ENSEIGNEMENT PRIMAIRE

OUVRAGES DU MÊME AUTEUR :

MANIÈRE D'INTERROGER DANS LES ÉCOLES
avec questionnaires et réponses : 2 francs.

ATTRIBUTIONS DU CURÉ DANS LES ÉCOLES
4e édition : 75 centimes.

COURS D'ADULTES
2e édition : 75 centimes.

Imp. de Pont-à-Mousson et de l'Écho Lorrain

GUIDE

DU

DÉLÉGUÉ CANTONAL

ET DU

DÉLÉGUÉ COMMUNAL

PAR

L'ABBÉ DOYOTTE

OFFICIER D'ACADÉMIE

DÉLÉGUÉ DU CONSEIL DÉPARTEMENTAL DE LA MEURTHE

CINQUIÈME ÉDITION, REVUE ET AUGMENTÉE

PRIX : 1 FRANC

NANCY
VAGNER
IMPRIMEUR - LIBRAIRE-ÉDIT.
Rue du Manége, 3

PARIS
VICTOR SARLIT
LIBRAIRE
Rue de Tournon, 19

1878

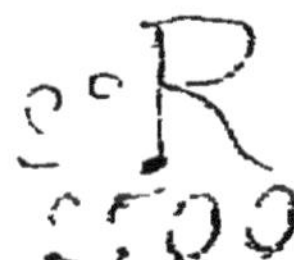

APPROBATION

DU

CONSEIL DÉPARTEMENTAL DE LA MEURTHE

MONSIEUR LE DÉLÉGUÉ,

J'ai l'honneur de vous informer que M. le Préfet a mis sous les yeux du Conseil départemental vos deux brochures : *Guide du Délégué cantonal* et *Manuel du Clergé pour la visite des écoles.*

Le Conseil a agréé ces deux utiles opuscules, et vous a voté des remerciements.

Je suis heureux, Monsieur le Délégué, d'avoir été chargé par le Conseil de vous en transmettre l'expression, etc... (7 février 1872.)

Le Secrétaire du Conseil départemental,

JOST.

COMPTE RENDU

DU JOURNAL L'*UNIVERS*

Nous avons signalé en son temps les *Attributions du Clergé dans les écoles*, de M. l'abbé Doyotte, curé de Maidières, officier d'Académie. Nous savons que beaucoup de nos lecteurs n'ont eu qu'à se féliciter d'avoir eu recours à ce petit ouvrage, où les *droits des curés sur les écoles primaires* sont exposés avec une connaissance approfondie de la question.

Depuis cette époque, M. l'abbé Doyotte, poursuivant l'œuvre si bien commencée, a publié le *Guide du Délégué cantonal*. On retrouve dans ce dernier ouvrage, peut-être d'intérêt plus général encore, la même compétence que dans le premier, et nous ne pouvons que le recommander aux délégués cantonaux, aux maires, aux curés et vicaires, aux instituteurs et institutrices, et généralement à tous ceux qui s'occupent d'enseignement primaire; ils trouveront difficilement un meilleur guide.

M. l'abbé Doyotte a reçu l'approbation du Conseil départemental de l'instruction publique de Meurthe-et-Moselle.

COMPTE RENDU

DU *MONITEUR UNIVERSEL*

M. l'abbé Doyotte a eu la bonne pensée d'écrire un petit Manuel à l'usage des Délégués cantonaux, et c'est un véritable service rendu à cette institution, qui doit d'autant plus attirer sur elle l'attention, que l'on s'occupe davantage de l'éducation populaire. On sait, en effet, que la loi du 15 mars 1850 avait établi un rouage nouveau dans la surveillance des écoles pour remplacer les comités d'arrondissement; c'est la délégation cantonale.

En étudiant dans le petit livre de l'abbé Doyotte la nature de ses attributions, les esprits sérieux demeureront convaincus des services qu'elle peut rendre, en même temps qu'ils apprendront à en mieux connaître à la fois les droits et les devoirs. En étudiant tour à tour la composition même de la Délégation cantonale, ses attributions individuelles et générales, la manière dont le Délégué doit remplir sa mission, et enfin les devoirs qui incombent aux visiteurs d'écoles, l'auteur a embrassé ce sujet pratique dans ses moindres détails, et mérite d'être le guide très-autorisé de tous ceux qui ont accepté cette utile mission.

COMPTE RENDU

DE L'*ESPÉRANCE* DE NANCY

Nous avons annoncé, dernièrement, et recommandé le *Manuel du Visiteur des Ecoles*, à l'usage du clergé, par M. l'abbé Doyotte.

Nous avons à annoncer aujourd'hui et nous recommandons vivement le *Guide du Délégué cantonal*, par le même auteur. — C'est un volume de plus de 100 pages, où les droits et les devoirs du délégué sont clairement exposés. A une époque où les questions d'école et d'enseignement occupent, à juste titre, une si grande place, le travail de M. l'abbé Doyotte est un véritable service rendu à quiconque est investi, ou peut être investi des fonctions de délégué, Son livre est un guide auquel on peut sûrement se confier.

PREMIÈRE PARTIE

DÉLÉGATION CANTONALE

La loi organique du 15 mars 1850 a établi un rouage nouveau dans la surveillance des écoles, pour remplacer les comités d'arrondissement : c'est la délégation cantonale.

En étudiant la nature de ses attributions, les esprits sérieux sont convaincus qu'elle peut rendre les services les plus signalés et opérer des améliorations notables dans la direction intellectuelle, morale et matérielle de l'enseignement primaire.

L'expérience qui en a été faite dès le principe est venue confirmer leurs prévisions. Son organisation est bien supérieure à celle des anciens comités d'arrondissement, qui n'ont presque pas fonctionné.

C'est une surveillance qui est placée assez près des écoles pour avoir toujours l'œil ouvert sur tout ce qui les concerne, et assez loin pour se dégager des passions locales et pour apprécier sainement les personnes et les choses.

Il est permis d'affirmer qu'elle est une

des plus utiles innovations de la loi organique.

Mais pourquoi donc n'a-t-elle pas produit généralement tous les résultats favorables qu'on en attendait ?

Entre autres raisons, il est expédient de signaler les suivantes :

1° Le changement qui s'est effectué en 1854, c'est-à-dire la transmission des pouvoirs du conseil académique au conseil départemental et du recteur au préfet, a porté un coup fatal aux délégations. Voici comment :

On s'est imaginé qu'elles allaient disparaître pour faire place aux comités d'arrondissement. Leur zèle s'est ralenti, leurs opérations sont devenues plus rares et leurs communications avec l'autorité moins fréquentes.

Déjà, l'année précédente, plusieurs recteurs d'Académie avaient cherché à les rassurer par une circulaire spéciale. Ce fut en vain ; le découragement était complet et l'on persista, malgré ces dénégations, à croire que la loi du 15 mars allait être abrogée.

Heureusement, c'était une fausse alerte. Cette loi remarquable est encore debout, et il est à désirer qu'elle soit soumise à une expérience plus longue et plus décisive, car, Dieu merci, les résultats qu'elle a obtenus, quoique incomplets, ne sont pas à dédaigner.

⁂

2° Les délégations cantonales ont été trop abandonnées à elles-mêmes ; elles n'ont point été suffisamment stimulées, surtout à partir de la transformation de 1854. Avant cette date, les recteurs leur imprimaient une impulsion plus active, par leur contrôle et leurs circulaires.

Il faut un moteur premier qui donne le branle ; nous n'accusons personne, nous regrettons une lacune dans la modification de la loi.

Croyez-vous que si l'on envoyait aux délégués des instructions de temps en temps, si on leur indiquait la marche à suivre pour l'exécution de telle ou telle mesure, si on leur rappelait leurs *droits* et leurs *devoirs*, si, en un mot, il y avait un échange d'idées et de vues plus fréquent, croyez-vous, dis-je, que les délégations ainsi dirigées ne marcheraient pas avec plus d'ensemble et de vigueur ?

Il suffit de poser cette question pour la résoudre.

3° Les délégués ne connaissent pas assez leurs *attributions* ; ils flottent dans l'incertitude et, craignant d'outrepasser leurs droits, ils ne remplissent pas entièrement leurs *devoirs*. Ils avouent que cet état de choses est une entrave à leur dévouement.

Ils n'ont pas tous entre les mains un Code de législation primaire; et l'auraient-ils, qu'ils ne seraient guère plus avancés, par la raison que leurs attributions se trouvent disséminées çà et là dans les articles de la loi, dans les nombreux décrets, qui ont suivi et surtout dans les circulaires ministérielles.

Il serait désirable que l'adminisiration, en les nommant, pût leur indiquer notre petit commentaire, car le besoin d'un pareil résumé se fait sentir depuis longtemps.

Le travail suivant, malgré sa forme didactique, sera de quelque utilité à mes collègues. A défaut d'autres qualités, il sera clair comme un tableau synoptique, et présentera d'un coup d'œil les renseignements les plus indispensables, en les appuyant du texte de la loi organique, des décrets réglementaires et des circulaires ministérielles.

Si j'ai entrepris ce travail, c'est à la sollicitation de plusieurs délégués qui veulent agir en toute connaissance de cause.

Dans la première partie, je parlerai longuement de la délégation *cantonale*.

Dans la seconde, je dirai un mot de la délégation *communale*.

Cela dit, nous entrons en matière.

CHAPITRE PREMIER

COMPOSITION DE LA DÉLÉGATION

Le conseil départemental de l'instruction publique choisit les membres de la délégation sur la proposition du préfet. Il prend dans chaque canton des hommes amis de la religion et du bien public, qui soient disposés à consacrer leurs loisirs à la surveillance des écoles primaires, en se conformant à l'esprit libéral de la loi réparatrice du 15 mars 1850.

Lorsque l'on forma les délégations pour la première fois, le curé du canton en fut regardé comme le noyau. Je constate le fait. Autour de lui, on eut soin de grouper avec un tact intelligent d'anciens professeurs, des ecclésiastiques, de grands propriétaires, des notables jouissant de l'estime et de la considération générale, en un mot l'élite du canton.

Assurément, il était difficile de faire un choix plus judicieux. On voulait franchement le succès de cette institution nouvelle qui donnait les plus belles espérances à ses auteurs, et l'on prenait tous les moyens pour y parvenir.

Aucune fonction publique ne confère le titre de délégué; le zèle, l'amour du bien et la science voilà les qualités qui doivent seules peser dans la balance, en faveur de ceux à qui l'on désire confier ces modestes occupations.

Ainsi le juge de paix, le doyen, le conseiller général, le conseiller d'arrondissement et le maire du chef-lieu n'ont pas, plus que les autres citoyens, le droit de faire partie de la délégation; il leur faut, comme aux autres, une nomination expresse émanant du conseil départemental qui choisit avec sagesse et maturité.

L'article 42 confirme l'assertion précédente.

« *Le conseil départemental désigne un ou plusieurs délégués dans chaque canton et détermine les écoles particulièrement soumises à la surveillance de chacun.* »

1° INCOMPATIBILITÉ DU MANDAT DE DÉLÉGUÉ AVEC LES FONCTIONS D'INSTITUTEUR PRIMAIRE.

« *Nul chef ou professeur dans un établissement d'instruction primaire, public ou libre, ne peut être nommé délégué du conseil départemental.* »

En vertu de ce décret, nul chef ou professeur d'un établissement primaire, public ou libre, ne peut entrer dans la délégation cantonale.

Cette décision a été vigoureusement combattue dès le principe. Cela nous étonne.

En effet, comprend-on qu'un instituteur soit délégué? Ne serait-il pas soumis au contrôle de ces collègues? Peut-il être inspecteur et inspecté tout à la fois? Que deviendrait sa classe pendant ses opérations de visite?

Sauf meilleur avis, nous tenons ce décret pour très-sage et nous le regardons comme un heureux développement de la loi organique.

Hormis les instituteurs et les chefs d'établissements primaires, les notables d'un canton ont qualitépour faire partie de cette institution qui représente les familles et la société.

2° QUALITÉS REQUISES POUR ENTRER DANS LA DÉLÉGATION.

Dans le choix de ses auxiliaires, le conseil départemental ne doit consulter que l'esprit de la loi, c'est-à-dire le bien de la religion et de la patrie, et conséquemment il ne doit désigner que d'*honnêtes gens*, capables et intéressés au maintien de l'ordre et de la morale.

C'est la pensée fondamentale qui a présidé à la nouvelle législation.

« En même temps que la loi du 15 mars, dit M. de Parieu, fait pénétrer dans l'éducation de la jeunesse l'élément de la liberté, elle a pour objet *le caractère moral et religieux de l'enseignement donné par l'Etat.* Les enfants que leurs familles confient aux écoles publiques doivent recevoir, non-seulement une instruction forte et élevée, mais encore une *éducation qui ouvre leur âme à l'amour du bien et du vrai et dont les fortes maximes servent à diriger leur vie toute entière.* »

Qu'importent les opinions politiques! Les délégués ne sont pas des fonctionnaires assujettis au serment. S'ils ont la vocation et la capacité suffisante pour remplir le mandat gratuit et onéreux que la loi leur confère; ne leur en demandons pas davantage.

Ici se présente naturellement une observation qui ne manque pas d'importance.

On veut honorer la délégation, en y faisant entrer les personnages les plus notables du canton. Très-bien; mais encore faut-il qu'ils aient le loisir de s'acquitter de leur emploi si modeste et si peu attrayant. Si leur position sociale les en empêche, quel avantage procureront-ils à nos écoles? Le relief du nom ne suffit pas; mieux vaut le relief du dévouement.

Dans une circulaire aux recteurs, en date du 27 août 1850, relative à la mise à exécution de la nouvelle loi sur l'enseignement, le ministre de l'instruction publique s'exprimait ainsi :

« Parmi les points qui doivent d'abord appeler votre attention, je vous signalerai le choix des délégués cantonaux réservé au conseil académique (départemental). Vous donnerez tous vos efforts à ce que les fonctions honorables et désintéressées de délégué cantonal soient toujours accordées *à des vocations sincères*. Il ne faut pas qu'elles puissent jamais être données à ceux qui les rechercheraient uniquement comme des moyens d'influence. Elles doivent être considérées seulement comme des occasions de service public et de dévouement. »

Vous n'avez aucun attrait pour ces inspections fréquentes, ou vous n'avez pas de loisirs ; vous êtes dans les affaires ; n'acceptez jamais le titre de délégué, cédez la place à un autre qui sera plus à même que vous de s'intéresser utilement aux progrès de l'instruction. Laissez le terrain aux hommes de bonne volonté qui ont à cœur l'amélioration morale, religieuse et intellectuelle des classes populaires.

Par votre abstention, n'en doutez pas, vous rendrez à l'instruction un service plus considérable qu'en acceptant des fonctions pour lesquelles vous ne vous sentez aucune aptitude.

L'expérience du passé nous autorise à tenir ce langage.

3° CHOIX DES DÉLÉGUÉS.

Nous l'avons dit en commençant, le conseil départemental nomme les délégués sur la proposition du préfet.

Le préfet, en sa qualité de président, a l'initiative, et par sa position, il est en mesure de se faire renseigner parfaitement sur la valeur des candidats qu'il présente.

Voici comment les choses se pratiquent la plupart du temps :

Une délégation, par suite de décès, de démission ou de changement de domicile. a perdu plusieurs de ses membres. Alors, comme elle a intérêt à les remplacer, afin de ne pas voir s'aggraver pour elle le fardeau déjà si lourd des inspections, elle se réunit au plus vite et s'enquiert soigneusement des notables qui, par leur dévouement et leur honorabilité, pourraient concourir à l'œuvre si importante de l'éducation populaire. Elle dresse la liste de ses candidats préférés et l'envoie au conseil départemental par l'intermédiaire de l'inspecteur d'Académie. Elle exprime des vœux ; elle n'impose pas ses choix ; elle transmet des renseignements ; elle n'a pas la prétention de nommer ; elle manifeste ses préférences, mais en se bornant à formuler ses désirs.

Quoi de plus juste ! n'est-elle pas admirablement placée pour apprécier sûrement les notables du canton, qui seraient en mesure de lui prêter un concours efficace ?

Le préfet ainsi éclairé fait ses propositions qui, généralement, sont agréés par le conseil départemental.

Voilà le mode le plus simple, le plus naturel et le plus sûr, de pourvoir au recrutement de la délégation.

L'inspecteur d'Académie qui, en vertu de la transformation opérée dans la loi en 1854, a hérité d'une partie des attributions du recteur, intervient également, s'il le juge à propos, par une enquête préalable, dans le choix des membres des comités cantonaux.

4° ENTRÉE DU CLERGÉ DANS LA DÉLÉGATION.

Suivant la pensée des législateurs, on doit faire aux ecclésiastiques une large part dans la délégation. Ils y figurent dans la proportion d'un tiers.

POUR LA MEURTHE :

En 1854,	sur 276	délégués,	le clergé	en comptait	87
En 1858,	sur 285	—	le clergé	—	88
En 1861,	sur 258	—	le clergé	—	81
En 1864,	sur 275	—	le clergé	—	72
En 1872,	sur 300	—	le clergé	—	76

La liste de 1867 n'ayant paru ni dans le bulletin primaire ni dans l'annuaire, je n'ai pu la vérifier. Mais il y a lieu de supposer qu'elle ressemble à ses devancières, car le conseil départemental de la Meurthe a toujours fait ses choix avec une impartialité qui l'honore et que nous sommes heureux de constater.

N'est-il pas juste, en effet, que l'élément religieux se combine avec l'élément laïque et que tous deux travaillent de concert à la moralisation des enfants du peuple ?

Certes, leurs efforts réunis, on ne saurait le dire trop haut, seront à peine à la hauteur de leur tâche ingrate et difficile.

On a vu de près le péril auquel la société avait été exposée en 1848, par suite de la direction fatale que l'on avait imprimée aux écoles, et de la voie déplorable dans laquelle une circulaire fameuse avait jeté nos instituteurs.

La loi de 1850 a réagi contre ces funestes tendances ; elle a fait rentrer ces derniers dans la sphère modeste de laquelle ils n'auraient jamais dû sortir; elle les a soumis au contrôle mieux défini des surveillants locaux et des délégués, afin d'assurer à nos écoles une gestion plus correcte sous le rapport matériel, intellectuel et moral, et afin de veiller d'une façon plus immédiate sur la conduite des précepteurs de l'enfance.

Le but louable qu'elle avait en vue a-t-il été atteint, du moins dans *les commencements?* On n'en saurait douter.

C'est une raison pour nous de travailler aujourd'hui, plus que jamais, à empêcher le retour d'un si fâcheux état de choses. Si nous avons mis la main à l'œuvre, ne regardons pas en arrière.

Le moment n'est pas venu de rester dans l'inaction.

5° GRATUITÉ DU MANDAT DE DÉLÉGUÉ.

Les fonctions de délégué sont gratuites; voilà pourquoi on les confie à des hommes indépendants par leur fortune et leur position sociale.

Le cumul n'est pas interdit, c'est-à-dire qu'il est permis de les gérer concurremment avec un autre emploi. Il n'y a d'incompatibilité que pour les chefs d'institution primaire.

Les délégués des écoles ne sont pas des fonctionnaires rétribués par le gouvernement; ce sont des hommes dévoués qui veulent bien consacrer leurs loisirs à l'éducation de la jeunesse.

Il ne faut donc pas établir de comparaison entre eux et les inspecteurs, car ceux-ci sont les représentants de l'Etat et ceux-là des familles; et, de plus, ils sont indépendants les uns des autres.

Toutefois, comme le but qu'ils poursuivent est identique, ils s'efforceront toujours de marcher d'accord dans l'intérêt de la cause éminemment civilisatrice qu'ils ont mission de soutenir.

6° DURÉE DU MANDAT DU DÉLÉGUÉ.

Ces honorables tuteurs des écoles sont nommés pour trois ans; ils sont rééligibles et révocables. — (Article 33 de la loi du 15 mars, 2e alinéa.)

Leur mandat dure trois ans, à moins qu'ils n'aient été nommés, dans l'intervalle, pour remplacer des membres qui ont donné leur démission, ou qui sont morts, ou qui ont changé de domicile. Dans ce cas, ils achèvent le temps qui restait à leurs prédécesseurs, comme cela se pratique dans toutes les administrations.

Ils ne sont révocables qu'autant qu'ils auraient compromis leur dignité par une conduite peu en harmonie avec leurs délicates fonctions, ou qu'ils auraient montré une négligence coupable et habituelle à remplir leurs devoirs.

Assurément, ils n'auraient aucun droit de se plaindre de la décision prise à leur égard, puisqu'ils l'auraient provoquée eux-mêmes. Mieux vaudrait la prévenir par une démission volontaire.

7° PRÉSIDENT DE LA DÉLÉGATION.

La délégation choisit elle-même son président.

Les délégués se réunissent au moins tous les trois mois sous la présidence de celui d'entre eux qu'ils désignent, pour convenir des avis à transmettre au conseil départemental. (Art. 42 de la loi, 4e alinéa.)

Ils s'organisent comme ils l'entendent, et ils choisissent leur président selon leurs inspirations et leurs convenances. C'est un privilége qu'ils ne peuvent pas abdiquer.

La présidence n'appartient donc de plein droit ni au juge de paix, ni au curé de canton, ni au conseiller général. Les délégués la décernent à qui bon leur semble.

Cette présidence dure trois ans, à l'expiration desquels il est procédé à une nouvelle élection. Si les délégués sont contents de leur premier choix, ils le maintiennent; sinon, ils portent leurs suffrages sur un autre de leurs collègues qui leur inspire plus de confiance.

Il est possible que plusieurs délégations, faute par elles de remplir cette formalité, ne soient pas constituées régulièrement. C'est une simple observation que nous formulons en passant.

Lorsque le sous-préfet réunit tous les délégués des différents cantons de son arrondissement, la présidence lui est dévolue de par l'article 46 du décret du 29 juin 1850.

« *Sur la convocation et* sous la présidence du sous-préfet, *les délégués des* » *cantons d'un arrondissement peuvent être* » *réunis au chef-lieu d'arrondissement pour* » *délibérer sur les objets qui leur sont sou-*

» *mis par le préfet ou par le conseil dépar-*
» *temental.* »

On a dit, et avec raison, que ce décret déroge à la loi organique, et que les délégués ne sont point obligés rigoureusement de s'y soumettre. C'est, d'ailleurs, la décision qui a été émise par le conseil supérier de l'instruction publique. Dans le cours de la session du mois de juin, il a déclaré qu'il ne résultait du décret précité aucune *obligation stricte* pour les délégués cantonaux.

Hâtons-nous d'ajouter que ces réunions à la sous-préfecture sont *très-rares,* et qu'on n'a pas à craindre la résurrection des comités d'arrondissement. La loi les a supprimés et, nous l'espérons, ils ne seront pas rétablis.

L'administration, il faut lui rendre justice, pour ne point blesser des susceptibilités honorables, use avec mesure du droit que lui confère l'article 29 du décret. Aussi, maintenant, on ne soulève plus de discussion à ce sujet; l'opposition fait silence, parce qu'on s'aperçoit que les attributions des délégués ne sont pas amoindries et que leurs réunions trimestrielles ne sont pas entravées le moins du monde. Après comme avant, ils ont cette liberté d'allure qui en fait des inspecteurs à part, exempts du contrôle de la sous-préfecture.

Le choix du président a beaucoup d'importance. Si vous avez à votre tête un homme *zélé*, la délégation ne passera pas inaperçue dans votre canton ; les instituteurs connaîtront le surveillant *spécial* de leur école et compteront avec lui. Les réunions trimestrielles auront lieu exactement et fourniront aux membres présents l'occasion de se concerter, en mettant leur expérience en commun.

En résumé, le président de la délégation est nommé par ses collègues.

Dans les réunions de toutes les délégations d'un arrondissement, c'est le sous-préfet qui préside et qui fait rédiger le procès-verbal de la séance.

Si nous avons insisté sur ce point, c'est que parfois on se persuade que le juge de paix est président de plein droit. Il n'en est rien ; le texte cité plus haut est formel et ne donne lieu à aucun doute.

On pourrait s'imaginer aussi que le président une fois nommé conserve toujours ses pouvoirs. Il est soumis à la réélection tous les trois ans, à l'époque de la nomination triennale des délégués cantonaux.

8° VICE-PRÉSIDENT.

La délégation fera bien de choisir un vice-président, car il peut arriver que le président soit empêché par une maladie, un voyage, etc.

Dans ce cas, le vice-président aura plein

pouvoir, il réunira ses collègues en temps utile, il leur fera les communications exigées par le service, et ainsi les questions qui touchent aux écoles ne seront jamais en souffrance.

C'est là un précieux résultat.

9° SECRÉTAIRE.

La loi ne parle pas du secrétaire, ni les décrets réglementaires qui sont venus la compléter.

Mais la délégation a certainement le droit de nommer un secrétaire. D'ailleurs le président ne tiendra pas à cumuler ces deux fonctions.

A chaque séance, on rédige un procès-verbal constatant les opérations du comité, pour le transmettre au conseil départemental, qui seul a mission de contrôler les actes de ses représentants.

Les délégués désignent l'un d'entre eux, à l'époque du renouvellement triennal, pour remplir les fonctions de secrétaire. Ils sont intéressées à la formation d'un bureau qui aura l'initiative des démarches et des opérations à effectuer, et qui les représentera quand il sera nécessaire.

Le président et le secrétaire sont l'âme d'une assemblée et y jouent le principal rôle; aussi les délégués jaloux de leur honneur porteront-ils toujours leurs suffrages sur ceux de leurs collègues qui leur sembleront le plus aptes à remplir ces fonctions.

Le secrétaire est chargé de rédiger les délibérations et de faire toutes les écritures indispensables au service.

Au nom du président, il fait, dans certaines contrées, les convocations aux réunions trimestrielles et extraordinaires qui se tiennent au chef-lieu de canton.

A chaque réunion, le secrétaire lira le procès-verbal de la séance et le transcrira sur le registre des délibérations, s'il est approuvé.

Une copie signée par les trois membres du bureau sera envoyée immédiatement au conseil départemental par l'intermédiaire de l'Inspecteur d'Académie.

Quant à la délibération précédente transcrite au registre, elle sera signée par les délégués qui auront approuvé les décisions prises.

10° DROIT DE L'INSPECTEUR PRIMAIRE D'ASSISTER AUX RÉUNIONS DE LA DÉLÉGATION.

« *Les inspecteurs assistent avec voix dé-*
» *libérative aux réunions des délégués can-*
» *tonaux prescrites par le 4° paragraphe de*
» *l'article 42 de la loi organique et à celles*
» *dont il est fait mention en l'article 46 du*
» *présent règlement.* » — (Article 43 du dé-
» cret du 29 juillet 1850, 3e alinéa.)

L'entrée de l'inspecteur dans les réunions

des surveillants cantonaux, a soulevé dès le principe une opposition sérieuse. Il y a eu des protestations; on ne voulait pas se soumettre à ce décret, parce qu'il semble s'écarter de la loi organique.

L'article 45, 2e alinéa, ne s'en écarte pas moins.

« *Les délégués communiquent aux inspec-*
» *teurs tous les renseignements utiles qu'ils*
» *ont pu recueillir.* »

Nous l'avons dit précédemment, ils ne doivent compte de leur administration qu'au conseil départemental; ils ne relèvent que de lui. Aussi, d'après l'interprétation du conseil supérieur, ce décret ne doit pas *être pris* à la lettre. Il ne faut y voir qu'une invitation à communiquer aux inspecteurs, d'une manière officieuse, les renseignements qui pourraient éclairer leurs démarches et les aider dans les circonstances extraordinaires.

Mgr Parisis, ancien évêque de Langres, qui faisait alors partie du conseil supérieur, dans une lettre à ses prêtres délégués, leur donne cet excellent avis qui concilie le décret avec la loi et la liberté :

« Il est certain, Monsieur le curé, que
» vous ne devez, comme délégué cantonal,
» aucun compte de votre conduite à M. l'ins-
» pecteur. Mais il importe que vous ne re-
» fusiez pas de vous mettre en rapport avec
» ce fonctionnaire, et de travailler de con-
» cert avec lui à l'amélioration de nos éco-

» les primaires. Autre chose sont les bons » procédés et la déférence volontaire; autre » chose la subordination et la dépendance. »

Que les délégués soient en relation avec l'inspecteur; qu'ils s'entendent amiablement; qu'ils se communiquent réciproquement leurs idées sur la valeur des maîtres et la direction des classes, rien de mieux, rien de plus désirable. L'union fait la force.

Encore une fois, que ces deux autorités préposées à l'enseignement vivent en parfaite harmonie et qu'elles se prêtent un mutuel appui pour faciliter leurs opérations; c'est le vœu tacite de la loi, c'est le parti le plus sage.

TEXTE DE LA LOI SUR LA DÉLÉGATION CANTONALE.

« *Le conseil départemental désigne un ou* » *plusieurs délégués résidant dans chaque* » *canton et détermine les écoles particu-* » *lièrement soumises à la surveillance de* » *chacun.*

» *Les délégués sont nommés pour trois* » *ans; ils sont rééligibles et révocables.* » *Chaque délégué correspond tant avec le* » *conseil départemental auquel il doit adres-* » *ser ses rapports qu'avec les autorités* » *locales pour tout ce qui regarde l'état et* » *les besoins de l'enseignement primaire dans* « *sa circonscription.*

» *Il peut, lorsqu'il n'est pas membre du*

» *conseil départemental, assister à ses*
» *séances avec voix consultative pour les*
» *affaires intéressant les écoles de sa cir-*
» *conscription.*

» *Les délégués se réunissent au moins*
» *tous les trois mois au chef-lieu de canton,*
» *sous la présidence de celui d'entre eux*
» *qu'ils désignent pour convenir des avis à*
» *transmettre au conseil départemental.* »
— (Article 42 de la loi organique.)

DÉCRET DU 29 JUILLET 1850 SUR LA DÉLÉGATION.

Article 44. — « *Nul chef ou professeur dans un établissement d'instruction primaire public ou libre ne peut être nommé délégué du conseil départemental.* »

Article 45. — « *Les délégués ont entrée dans toutes les écoles libres ou publiques de leur circonscription; ils les visitent au moins une fois par mois.*

» *Ils communiquent aux inspecteurs de l'instruction primaire tous les renseignements utiles qu'ils ont pu recueillir.* »

Article 46. — « *Sur la convocation et sous la présidence du sous-préfet, les délégués d'un canton, d'un arrondissement peuvent être réunis au chef-lieu de l'arrondissement pour délibérer sur les objets qui leur sont soumis par le prefet ou par le conseil départemental.* »

CHAPITRE II

ATTRIBUTIONS DU DÉLÉGUÉ CANTONAL.

Le délégué agit individuellement ou de concert avec ses collègues; d'où résultent pour lui deux sortes d'attributions que nous allons développer succintement.

Pour être bref, nous nous bornerons à les énoncer en peu de mots, sous forme de propositions; puis nous les ferons suivre des articles de la loi ou des décrets sur lesquels elles s'appuient.

Cette méthode sera peu attrayante, mais, en revanche, elle sera claire et conviendra aux intéressés, qui, sans aucune recherche, trouveront sous la main tous les documents dont ils pourraient avoir besoin dans l'exercice de leurs fonctions.

Forts de leurs droits, ils en useront avec liberté, sans craindre de se heurter aux droits des autres, et ils seront en mesure de réduire à leur juste valeur des prétentions malséantes que nous ne voulons pas prévoir et qui ne reposent ni sur la loi ni sur la politesse.

I. SES ATTRIBUTIONS INDIVIDUELLES.

LE DÉLÉGUÉ EST INSPECTEUR DES ÉCOLES EN CE QUI CONCERNE L'ENSEIGNEMENT PRIMAIRE.

« *L'inspection des établissements d'instruction publique ou libre est exercée... par les délégués cantonaux, en ce qui concerne l'enseignement primaire.* » — (Article 18 de la loi organique du 15 mai 1850, 4e alinéa)

S'agit-il des écoles publiques? L'inspecteur porte sur *toutes les matières de l'enseignement*. Nous soulignons à dessein; la loi est formelle.

S'agit-il des écoles libres? L'inspection ne tombe que sur la *moralité*, l'*hygiène* et la *salubrité*, et non pas sur l'enseignement proprement dit, à moins que ce ne soit pour vérifier s'il ne renferme rien de contraire à la Constitution, aux mœurs et aux lois.

Conséquemment, dans les écoles *libres*, le délégué n'interrogera les élèves qu'autant qu'il sera autorisé par le chef d'institution.

Respect à la liberté d'enseignement!

Le maire et le curé sont aussi inspecteurs des écoles de leur commune.

IL EST SURVEILLANT DE LA CONDUITE DES MAÎTRES.

« Sa mission, qui est toute de confiance, s'étend à tout. C'est une mission de surveillance et il est à désirer qu'il multiplie les avis et les *remontrances paternelles* partout où besoin sera. » (Circulaire de M. de Parieu, ministre, 24 décembre 1850.)

Quelle est la nature des relations de l'instituteur avec le maire, le curé et les habitants ?

Jouit-il d'une bonne réputation?

Tient-il honorablement sa place?

Sa conduite est-elle digne d'éloge ou de blâme?

Tels sont les points principaux sur lesquels l'inspecteur cantonal portera son attention.

Les autorités locales éprouvent parfois un certain embarras, quand il s'agit d'adresser des observations à l'instituteur et à l'institutrice.

Que feront-elles? Elles réclameront l'intervention bienveillante du délégué qui n'est pas tenu aux mêmes ménagements, et qui jouit d'une plus grande influence par la nature même de ses attributions et par sa position indépendante.

Le maire et le curé, en qualité de surveillants légaux, ont ici la même prérogative que le délégué.

IL EST SURVEILLANT DU MATÉRIEL DES CLASSES ET DU LOGEMENT DES INSTITUTEURS.

La salle de classe est en mauvais état; — le mobilier est délabré; — le logement du maître exige des réparations; — le jardin est insuffisant : le délégué provoquera des améliorations, en s'adressant aux municipalités. Il n'ordonnera pas; il procédera par voie de persuasion, et si sa parole n'est point écoutée, il devra en référer au conseil départemental et au préfet, en leur donnant l'état des lieux.

La surveillance du matériel des classes appartient surtout au maire.

Le curé ne peut s'en occuper qu'indirectement, vu qu'il n'est point chargé de la dispensation des deniers de la commune.

IL A LE DROIT D'ACCORDER L'AUTORISATION AUX PERSONNES QUI, DANS UN BUT CHARITABLE, VEULENT ENSEIGNER A LIRE ET A ÉCRIRE.

« *Ne sont pas considérées comme tenant école les personnes qui, dans un but purement charitable, et sans exercer la profes-*

sion d'instituteur, enseignent à lire et à écrire aux enfants avec l'autorisation du délégué cantonal. *Néanmoins, cette autorisation peut être retirée par le conseil départemental.* » — (Article 27, 4e alinéa, de la loi organique.)

Jusqu'alors, il a été rarement fait usage de cette prérogative accordée au délégué, soit parce qu'il ne la connaît pas, soit parce que l'occasion de l'exercer ne se présente pas, soit parce qu'il n'ose assumer la responsabilité d'une autorisation qui semble, de prime abord, n'appartenir qu'à l'autorité supérieure, tant elle est considérable.

» Seuls, les délégués cantonaux peuvent autoriser les personnes qui, dans un but charitable et sans rétribution aucune, veulent enseigner à lire et à écrire aux enfants. C'est là une attribution considérable et pour laquelle nul ne peut les suppléer. — Dans ce cas même, le législateur leur a accordé une part d'autorité dont mon administration ne m'a jamais appris qu'ils aient abusé. » — (Circulaire de M. de Fourtou, 24 janvier 1874.)

IL VISITE LE LOCAL DESTINÉ PAR UNE COMMUNE A UNE ÉCOLE PUBLIQUE.

« *Le local que la commune est tenue de fournir, en exécution de l'article 57 de la loi organique, doit être visité avant l'ouver-*

ture de l'école par le délégué cantonal, *qui fait connaître au conseil départemental si le local convient pour l'usage auquel il a été destiné.* » — (Art. 7 du décret du 7 octobre.)

Dans sa récente circulaire, M. de Fourtou dit à ce sujet :

« C'est ainsi que lorsqu'il s'agit de l'ouverture d'une école, le délégué doit visiter le local destiné aux classes et faire connaître au conseil départemental si l'établissement est suffisamment propre à l'usage auquel il sera consacré. »

Il me semble que cette attribution conviendrait mieux à un inspecteur primaire.

IL A LE DROIT D'EXAMINER LES LIVRES EMPLOYÉS DANS LES ÉCOLES.

Dans les écoles communales, on ne peut se servir que des livres autorisés.

Dans les écoles libres, sont admis ceux qui ne sont pas contraires à la morale, à la Constitution et aux lois.

En cas de contravention à cet égard, l'ouvrage est saisi par le délégué et envoyé au conseil départemental.

« *Les personnes chargées de l'inspection, en vertu de l'art. 18 de la loi organique, dressent procès-verbal de toutes les contraventions qu'elles reconnaissent.*

» *Si la contravention consiste dans l'emploi d'un livre défendu en vertu de l'art. 5 de la même loi, l'ouvrage est saisi et envoyé avec procès-verbal au préfet, qui soumet l'affaire au conseil départemental.* » — (Article 42 du règlement du 29 juillet 1850.)

Le maire et le curé ont le même droit que le délégué cantonal.

IL A LE DROIT D'EXAMINER LES BIBLIOTHÈQUES SCOLAIRES.

Ce droit ressort de l'article précédent.

Nos campagnes sont dotées, généralement, de bibliothèques paroissiales dont le dépôt est au presbytère. Nous avons, en outre, des bibliothèques cantonales dont l'administration est au chef-lieu.

Il ne nous appartient pas de louer ces œuvres excellentes dont le but est de contrebalancer les mauvaises lectures; mais on ne saurait trop les favoriser, en présence des dangers que la presse fait courir à nos sociétés modernes.

On a jugé à propos de fonder en outre des bibliothèques scolaires. — Soit; ce n'est pas un mal, pourvu qu'elles soient composées de bons livres. M. de Fourtou en 1874 ordonna une enquête générale, à l'effet d'expurger les bibliothèques gangrenées.

On ne peut qu'applaudir à cette mesure

salutaire qui était réclamée par tous les honnêtes gens.

Le délégué, qui est le représentant des familles, n'oubliera pas de se faire représenter le catalogue. Il le jugera d'un coup d'œil, et si des ouvrages contraires à la religion et aux mœurs s'y étaient glissés par mégarde ou autrement, il en informerait l'administration.

Il est à peine besoin d'observer que la négligence en pareille matière serait vraiment désastreuse.

Que dirait-on d'un père qui laisserait du poison entre les mains de ses enfants ?

Le maire et le curé ont aussi le droit de contrôler la bibliothèque scolaire de leur commune.

IL EST CHARGÉ DE VEILLER A L'EXÉCUTION DU RÉGLEMENT DES ÉCOLES.

« *Les autorités préposées à la surveillance de l'instruction primaire sont chargées de l'exécution du règlement.* » — (Art. 46 du règlement-type des écoles.)

Le règlement est affiché dans toutes les classes ; il est facile d'en prendre connaissance, mais il est préférable d'en avoir un exemplaire à la maison, afin de l'étudier à son aise.

Le maire et le curé sont également chargés de veiller à l'exécution du règlement.

IL PEUT ASSISTER AUX SÉANCES DU CONSEIL DÉPARTEMENTAL.

« *Il peut, lorsqu'il n'est pas membre du conseil départemental, assister à ses séances avec voix consultative pour les affaires intéressant les écoles de sa circonscription.* » — (Article 42 de la loi organique, 3e alinéa.)

Je ne sache pas qu'un seul délégué ait jamais profité de cette disposition légale. Cependant il serait désirable qu'on en usât dans certaines circonstances.

IL PEUT COMMUNIQUER A L'INSPECTEUR PRIMAIRE TOUS LES RENSEIGNEMENTS UTILES.

« *Les délégués communiquent aux inspecteurs de l'enseignement primaire tous les renseignements utiles qu'ils ont pu recueillir.* » — (Art. 45 du décret du 29 juin, 2e alinéa.)

Ce décret ne fait pas aux délégués une obligation *rigoureuse* d'adresser des rapports aux inspecteurs primaires ; nous l'avons constaté précédemment.

Mais quand l'intérêt du service le commande, pourquoi ne pas s'entendre avec ces honorables fonctionnaires qui, n'étant pas sur les lieux ont besoin d'être renseignés par une voix impartiale?

La bonne harmonie constituera toujours un excellent système de surveillance et favorisera les progrès de l'enseignement primaire.

IL CORRESPOND AVEC LE CONSEIL DÉPARTEMENTAL ET LES AUTORITÉS LOCALES.

« *Chaque délégué correspond tant avec le conseil départemental, auquel il doit adresser ses rapports, qu'avec les autorités locales, pour tout ce qui regarde l'état et les besoins de l'enseignement primaire dans sa circonscription.* » — (Art. 42 de la loi, 2e alinéa.)

***

Cet article mérite quelques développements; nous les donnons ci-après.

IL CORRESPOND EN FRANCHISE AVEC LES AUTORITÉS SUIVANTES :

Le préfet, — le recteur, — l'inspecteur d'Académie, — le sous-préfet, — l'inspecteur primaire, — le président de la délégation, — les maires, — les curés, — les instituteurs et les institutrices du canton.

Les correspondances ne peuvent circuler que sous bandes et doivent être contre-signées de son *nom* et *titre* de délégué.

Toutes les communications que l'on veut faire parvenir au conseil départemental doivent être adressées à l'inspecteur d'Académie. C'est avec ce dernier que l'on entretient le plus de relations, parce qu'il est chargé de centraliser tous les documents qui émanent des différentes autorités préposées à l'enseignement primaire.

En correspondant avec les autorités, il aura soin :

1° Que ses dépêches soient contre-signées de son nom et titre de délégué.

2° Qu'elles soient disposées sous bandes.

3° Que la largeur des bandes n'excède pas le tiers de la surface des lettres.

S'il néglige une de ces formalités, la dépêche est soumise à la taxe comme lettre ordinaire.

IL A LE DROIT D'EXAMINER LE JOURNAL DE CLASSE ET LE REGISTRE MATRICULE.

Article 5 de l'instruction réglementaire du 31 janvier 1851.

Le registre matricule présente la date de l'entrée des élèves et de leur sortie, le nom et la profession des parents, et les absences qui auront été constatées chaque mois, *et le produit* de la rétribution scolaire.

Il faut observer que le *journal de classe* n'est pas obligatoire dans tous les départements.

IL VISITE LES PENSIONNATS PRIMAIRES LIBRES.

« *Le conseil départemental détermine le nombre d'élèves qui peuvent être admis sans inconvénients dans le local affecté au pensionnat et le nombre des maîtres et employés nécessaires pour la surveillance des élèves.* »
Mention en est faite par le préfet sur le plan du local. L'instituteur est tenu de présenter ledit plan aux autorités préposées à la surveillance des écoles, chaque fois qu'il en est requis. — (Art. 44 du décret du 30 décembre, 5e alinéa.)

Le délégué se rappellera qu'il n'a pas les mêmes droits dans les pensionnats *libres* que dans les écoles primaires publiques.

***

Même droit pour le maire et le curé avec les restrictions énoncées plus haut.

IL SE FAIT REPRÉSENTER LE REGISTRE DES PENSIONNAIRES, DES MAÎTRES ET SURVEILLANTS.

« *Il* (le conseil départemental) *envoie dans chaque pensionnat un registre spécial destiné à recevoir les noms, prénoms, date et lieux de naissance des maîtres et employés, et l'indication des emplois qu'ils occupaient précédemment et des lieux où ils ont résidé, ainsi que la date des brevets, diplômes ou certificats de stage dont ils sont pourvus.*

» *Les autorités préposées à la surveillance de l'instruction primaire devront toujours se faire représenter ces registres, quand elles inspecteront ces écoles.* » — (Art. 11 du décret du 30 décembre 1850.)

***

Même droit pour le maire et le curé.

IL SE FAIT REPRÉSENTER LES REGISTRES DES DÉCLARATIONS D'UN CULTE DIFFÉRENT.

« *Lorsque dans une école spécialement affectée aux enfants d'un culte, sont admis les enfants d'un autre culte, il est tenu par l'instituteur un registre sur lequel est inscrite la déclaration du père ou à son défaut de la mère ou du tuteur attestant que leur enfant ou pupille a été admis à l'école sur leur demande.*

» *Ce registre doit être représenté à toute personne préposée à la surveillance des écoles.* » — (Art. 12 du décret du 7 octobre.)

***

Même droit pour le maire et le curé.

IL A LE DROIT D'ENTRER DANS TOUTES LES ÉCOLES DU CANTON.

Il y a une différence entre le délégué cantonal et le délégué communal.

La juridiction du premier s'étend à *toutes les écoles* du canton, comme son titre l'indique. Seulement, pour que la surveillance s'exerce mieux, il est chargé *particulièrement* de quelques écoles; il leur doit son temps et ses soins de préférence aux autres, et il est obligé d'en rendre compte *spécialement* au conseil départemental.

Libre à lui cependant d'entrer quelquefois dans les autres, il en a le droit, mais il n'est point tenu *légalement* de faire des rapports sur ces dernières qui ne lui sont pas spécialement assignées.

Telle est l'interprétation qui découle naturellement du texte de la loi, et qui est admise généralement, bien qu'elle soit très-peu connue.

Le délégué communal, au contraire, n'a aucun pouvoir en dehors de la commune. Son titre l'indique suffisamment.

Je me propose de donner, à la fin de cet opuscule, quelques renseignements sur la délégation communale qui doit fonctionner dans les villes de 2,000 âmes et au-dessus.

IL A LE DROIT DE VISITER LES COURS D'ADULTES.

L'enseignement primaire, quel qu'il soit,

est du ressort de la délégation. Cela est tellement vrai que partout les inspections académiques réclament son bienveillant concours pour les classes du soir.

Aussi, lors de la composition annuelle, l'instituteur a le devoir d'y inviter le délégué qui est sur les lieux, aussi bien que le curé et le maire de la commune, afin qu'elle soit entourée de toutes les conditions possibles de loyauté.

Le délégué fera bien de consulter ma récente brochure sur les *Cours d'Adultes*, dont la deuxième édition est plus complète que la première. Je me fais un devoir de l'annoncer.

IL EST INVITÉ A FAIRE, OUTRE SES VISITES MENSUELLES, DEUX EXAMENS SPÉCIAUX DE CONCERT AVEC LE MAIRE ET LE CURÉ.

Le premier dans la seconde quinzaine de décembre, et le second dans la première quinzaine de mai.

Il en dressera un rapport détaillé avec notes individuelles : *bien*, *médiocre* ou *mal*. — (Circulaire ministérielle du 16 mai 1855, interprétative de la circulaire du 3 février 1854.)

Je recommande ces deux examens dont l'expérience a démontré les grands avantages, pourvu qu'ils soient faits dans les conditions voulues.

LE DÉLÉGUÉ EN MATIÈRE ÉLECTORALE EST REGARDÉ COMME FONCTIONNAIRE.

Dès le principe, on ne savait pas s'il avait le titre de fonctionnaire. Mais la Cour de cassation, par un arrêt, en date du 16 avril 1851, a résolu la question dans le sens affirmatif.

De façon qu'il jouit sans conteste du bénéfice de l'article 5 de la loi du 31 mai 1830, en vertu duquel il doit être inscrit sur la liste électorale de la commune qu'il habite, *quelle que soit* la durée de son domicile dans cette commune.

« *Les fonctionnaires publics seront inscrits sur la liste électorale de la commune dans laquelle ils exerceront leurs fonctions, quelle que soit la durée de leur domicile dans cette commune.* » — (Art. 5 de la loi du 31 mai 1850.)

RÉSUMÉ.

Le délégué cantonal a le droit de surveiller :

1° Les écoles primaires libres de garçons;

2° Les écoles primaires publiques ou communales de garçons;

3° Les cours d'adultes de garçons;

4° Les pensionnats primaires libres de garçons;

5° Les pensionnats primaires de garçons tenus par des instituteurs publics;

6° Les écoles libres de filles et les externats de pensionnats de filles;

7° Les écoles publiques ou communales de filles et les cours d'adultes;

8° Les salles d'asile libres;

9° Les salles d'asile publiques;

10° Les petits établissements charitables autorisés par les délégués cantonaux.

Il serait inutile d'entrer dans de plus grands détails. Nous avons énoncé longuement les attributions *individuelles* du délégué; cela suffit.

Nous allons maintenant dire un mot des attributions *communes* de la délégation.

II. — ATTRIBUTIONS COLLECTIVES DES DÉLÉGUÉS.

Les délégués se réunissent tous les trois mois au chef-lieu de canton pour centraliser leurs observations respectives.

« *Les délégués se réunissent* au moins une fois tous les trois mois, *au chef-lieu de canton, sous la présidence de celui d'entre eux qu'ils désignent, pour convenir des avis à transmettre au conseil départemental.* » — (Article 42 de la loi, 4e alinéa.)

Ils délibèrent :

Sur les mesures à prendre auprès des autorités locales dans l'intérêt des écoles.

Sur les avis à transmettre au conseil départemental de l'instruction publique.

Sur les encouragements à donner, sur les abus à réformer et sur les améliorations à introduire.

Sur le choix des instituteurs qui méritent d'être signalés à l'administration.

Sur le taux de la rétribution scolaire.

Sur les délibérations des conseils municipaux relatives aux écoles.

Sur les réclamations auxquelles la confection des rôles peut donner lieu.

En un mot sur tout ce qui concerne les écoles; car le champ de leurs attributions est très-vaste, comme il est aisé de le voir par le tableau précédent.

Telles sont les attributions des délégués cantonaux, soit qu'ils agissent *individuellement*, soit qu'ils agissent en corps. Assurément elles sont considérables. Il est impossible de le nier. Rien de ce qui regarde les écoles et les maîtres ne leur est étranger; leur intervention n'a presque pas de limites.

Ils doivent être informés par l'administration même de tout ce qui regarde le personnel.

« Vous voudrez bien, dit M. de Fourtou aux Préfets, les tenir exactement au courant des mutations faites entre les instituteurs de leur circonscription, leur faire connaître les récompenses qui auraient été accordées à ces maîtres et les peines disciplinaires que quelques-uns d'entre eux auraient encourues.—Il convient aussi qu'aucun congé ne soit accordé à un instituteur sans que vous en informiez le délégué chargé spécialement de la surveillance de son école. — L'action des délégations cantonales ne sera véritablement profitable qu'à la condition que l'autorité témoignera, par ses fréquents rapports avec les délégués, de tout le prix qu'elle attache à leur collaboration. » (Circulaire du 24 janvier 1874.)

Cependant, pour être dans le vrai, il faut ajouter :

1° Que la délégation n'a point à s'occuper des méthodes d'enseignement ;

2° Qu'elle ne doit pas introduire de livres qui ne seraient point autorisés ;

3° Que la direction administrative des classes et du personnel ne lui est point dévolue, par la raison qu'elle est entre les mains de l'inspecteur d'Académie et du préfet.

Elle interroge sur toutes les matières qui composent le programme de l'enseignement, — elle surveille la conduite des instituteurs, etc..., en un mot, elle constate les faits, mais elle n'ordonne pas ; elle provoque des améliorations, mais elle ne les impose pas.

Si nous avions commis quelques erreurs, nous ne demandons pas mieux que d'être redressés. Nous faisons appel à la bienveillance et aux lumières de nos collègues. Les rectifications seront parfaitement accueillies.

La loi libérale de 1850 a été tant de fois modifiée par des décrets et des circulaires ministérielles, qu'il n'est pas impossible que des inexactitudes se soient glissées dans ce modeste travail.

C'est donc rendre un véritable service que de les signaler à l'auteur de la présente brochure, qui en fera son profit pour la 6e édition.

CHAPITRE TROISIÈME

COMMENT LE DÉLÉGUÉ DOIT-IL REMPLIR SA MISSION ?

Le délégué connait maintenant ses attributions ; il est sûr de ne pas mettre le pied sur un terrain qui ne lui appartient pas, et il se trouve plus à l'aise dans l'exercice de ses devoirs.

Mais comment les remplira-t-il ? Nous allons le dire brièvement, en invoquant l'autorité des ministres de l'instruction publique, qui ont eté chargés de mettre à exécution la loi du 15 mars 1850.

M. de Parieu, dans une circulaire en date du 24 décembre 1850, s'exprime en ces termes au sujet des délégués cantonaux :

« Délégués du conseil académique (aujourd'hui départemental) avec lequel ils peuvent correspondre directement; c'est de ce conseil surtout qu'ils doivent recevoir l'impulsion, c'est de ses pensées qu'ils doivent surtout s'inspirer. Leur mission, qui est toute de confiance, s'étend à tout ; mais elle n'est qu'une mission de surveillance, et s'il est à désirer qu'ils multiplient les actes et les remontrances paternelles partout où besoin sera, il est à désirer aussi qu'ils ne compromettent jamais leur autorité, en s'efforçant d'introduire directement dans les écoles, soit des livres, soit des principes d'éducation et d'enseignement dont ils apprécieraient les avantages, mais qui y seraient jusqu'alors inusités. C'est par le conseil académique (départemental) que les réformes à introduire dans l'enseignement doivent être provoquées : c'est donc au conseil académique qu'ils doivent naturellement faire part de leurs vues à ce sujet. Le danger de leur situation, qu'ils ne se le dissimulent pas, c'est l'influence des passions locales ; tous leurs efforts doivent donc tendre à s'en affranchir et à conserver, avec leur indépendance, cette haute réputation d'impartialité qui doit honorer leur mission. »

M. Fortoul dit à son tour :

« Les délégués cantonaux doivent visiter souvent les écoles : la loi les a constitués les gardiens vigilants des intérêts moraux de la jeunesse ; ils ne rempliraient qu'imparfaitement leur mission, s'ils ne se considéraient partout comme les protecteurs de ces intérêts. — Ne leur demandez point de juger les méthodes et les livres ; demandez-leur si les enfants qui sont admis depuis quelque temps déjà dans les écoles y ont reçu *une instruction suffisante*, s'ils y sont tenus sainement, s'ils y puisent *de bons préceptes* et *surtout de bons exemples de morale*, s'ils y rencontrent des habitudes de propreté, de politesse et de bienveillance réciproque, en un mot s'ils sont bien élevés.»

***

Dans une circulaire aux préfets, en date du 15 mai 1855, le même ministre développe la même pensée :

« Je ne perds pas de vue le caractère particulier de la mission que Messieurs les délégués ont bien voulu accepter. Je n'oublie pas qu'on ne peut leur demander des sacrifices de temps trop prolongés ; on ne saurait non plus réclamer d'eux, je le sais, les comparaisons de méthodes, ces investigations minutieuses, ces jugements techniques que l'administration exige des inspecteurs de l'instruction primaire.

» Telle n'est point la nature de l'examen auquel Messieurs les délégués vont être invités par vous à procéder (le ministre parle ici de l'examen de la seconde quinzaine de mai). Il s'agit seulement pour eux de constater l'état des études élémentaires sur des points dont l'appréciation n'exige ni longues heures de travail, ni connaissances spéciales. — L'instruction religieuse, la lecture, l'écriture, le calcul, sont les seuls objets sur lesquels ils aient à interroger les élèves.............................. »

CHAPITRE QUATRIÈME

QUESTIONS PRATIQUES

I. — EST-IL CONVENABLE D'ASSIGNER A UN PASTEUR PROTESTANT OU A UN RABBIN UNE ÉCOLE ÉTRANGÈRE A SON CULTE ?

Non, cela n'est ni *convenable*, ni *conforme* à l'esprit du législateur.

Favoriser la religion, la liberté véritable et la cause de l'ordre, afin de réparer les funestes ravages produits par une fatale émancipation chez les instituteurs et par la direction peu chrétienne de l'enseignement ; tel est le but formel de la législation primaire de 1850.

Un pasteur protestant, je le suppose, est chargé de la surveillance d'une école catholique, comment interrogera-t-il sur le catéchisme et sur la morale ? Comment appréciera-t-il la conduite du maître ? Se placera-t-il au même point de vue qu'un délégué orthodoxe ? Son jugement reposera-t-il sur une équitable impartialité ? Non sans doute.

C'est ici le cas de répéter et d'appliquer cet adage : Chacun chez soi.

Mgr Parisis, ancien évêque de Langres,

l'un des rédacteurs de la loi qui nous occupe, ne fait pas difficulté de dire :

« Nous voulons proclamer que si, par une cause quelconque, il nous arrivait un inspecteur protestant ou juif, l'esprit de la loi nous autoriserait à lui interdire l'entrée de toutes les écoles de notre diocèse. Nous espérons bien que la prudence ou la justice du gouvernement préviendra cette fâcheuse extrémité. »

Ce que dit ici l'éminent député de 1848, au sujet des inspecteurs, peut et doit s'appliquer aux délégués; il est facile de le comprendre, puisqu'ils jouissent des mêmes prérogatives.

Mais voici un article de la loi qui nous semble dirimer la question : « Les ministres des différents cultes n'inspecteront que les écoles spéciales à leur culte ou les écoles mixtes pour leurs *corréligionnaires seulement.* »

En conséquence, un ministre d'un culte quelconque, lors même qu'il serait délégué, n'a pas le droit de pénétrer dans une école étrangère à son culte.

Que dirait-on si un curé allait visiter comme délégué, une école protestante ou bien une école israélite? On réclamerait avec raison.

Pour les pays mixtes comme l'Alsace et la Lorraine allemande, cette question avait autrefois une importance exceptionnelle, à cause des abus nombreux qu'on signalait de toutes parts ; mais aujourd'hui malheureusement il n'en est plus de même, puisque le régime scolaire auquel ces deux chères provinces sont soumises n'a rien de commun avec le nôtre.

Le conseil départemental, qui détermine les écoles spécialement confiées à la surveillance de chacun des membres de la délégation, doit faire en sorte de ne pas blesser les catholiques, en leur préposant des autorités scolaires d'un culte différent.

Dans le cas où cette mesure de prudence n'aurait pas été observée, les délégués réunis réclameront une répartition plus conforme à la liberté de conscience, en éclairant la religion du conseil départemental.

Il y va de notre dignité et de nos plus chers intérêts.

II. — UN MAIRE OU UN CURÉ PEUT-IL ÊTRE DÉLÉGUÉ DES ÉCOLES DE SA COMMUNE ?

Non, cela n'est ni *convenable* ni *utile*. Pourquoi ?

1° Parce que le maire et le curé sont les surveillants légaux des écoles de leur commune.

A quoi bon leur décerner un titre qui n'ajoutera pas grande valeur à leurs attributions et qui n'activera pas leur zèle ?

Feront-ils des inspections plus nombreuses, d'abord comme maires et curés et ensuite comme délégués ; en un mot, l'instruction et la surveillance bénéficieront-elles de cet état de choses? Nous ne le pensons pas.

2° Parce qu'ils ne pourraient se dégager des passions locales, aussi facilement qu'un délégué qui habite une commune voisine. Très-souvent leurs intérêts personnels sont en jeu; ce qui nuit toujours à l'impartialité requise en cas de difficulté.

Les autorités locales ne seraient pas à l'aise pour dresser les rapports semestriels que tout membre de la délégation a le devoir de faire parvenir au conseil départemental, car souvent elles seraient juges et parties dans leur propre cause. Quand il se présente une affaire odieuse, ne vaut-il pas mieux qu'elle soit instruite par un délégué voisin qui assumera la responsabilité de l'enquête ?

Nous n'insistons pas sur le développement de ces deux considérations qui se présentent naturellement à l'esprit et qui ont une valeur incontestable.

III. — UN ATHÉE OU UN LIBRE-PENSEUR DOIT-IL ÊTRE NOMMÉ DÉLÉGUÉ?

Non, car nous en avons pour garant l'esprit de la loi organique. Etudiez-la dans ses détails, dans ses auteurs et dans ses commentaires autorisés, vous arriverez facilement à cette conclusion.

Comment le libre-penseur interrogerait-il sur l'instruction religieuse? Comment traiterait-il certaines questions d'histoire? Quels conseils donnerait-il aux enfants sur la moral?

Ce n'est pas l'athéisme, ni la libre-pensée qui sauveront la France.

Dans le département des Vosges, il y a environ 15 ans, un délégué qui avait tenu des discours impies fut révoqué par le Conseil départemental. Je le crois bien.

Dans la Meurthe, un libre-viveur subit le même sort (en 1859). Les populations indignées se révoltèrent contre lui et demandèrent énergiquement sa révocation. C'était de toute justice.

IV. — QUEL EST LE MEILLEUR GUIDE DU DÉLÉGUÉ CANTONAL?

Il est difficile de répondre catégoriquement à cette question. Les appréciations varient suivant les besoins, les goûts et les circonstances. Aussi je dirai :

1° Si l'on veut simplement le texte de la loi et des décrets règlementaires qui l'ont développée, on n'a qu'à se procurer le *Nouveau Code de l'instruction primaire*, par A. Pichard, lequel contient la législation primaire jusqu'en 1868 ; car, ne l'oublions pas, l'année 1867 a vu éclore une loi qui a pour auteur M. Duruy et qui est destinée à combler certaines lacunes que présentait l'enseignement des filles, à établir des écoles dans tous les hameaux et à consolider les Cours d'adultes.

2° Si la loi du 15 mars 1850 avait été conservée dans son intégrité première sans subir les mutilations qui la déparent, l'*Instruction historique et pratique* sur la loi d'enseignement, par Mgr l'évêque de Langres, serait le guide le plus complet et le plus savant en cette matière.

Cet ouvrage est épuisé.

3° Si l'on désire non-seulement le texte de la loi, mais encore les décisions et les circulaires ministérielles, on pourra prendre le *Guide légal, administratif et pédagogique* de Pitolet. C'est un ouvrage considérable qui ne convient qu'à ceux qui se proposent de faire une étude approfondie de notre législation relative à l'enseignement primaire.

Il vaudrait mieux sans doute avoir sous la main un simple recueil enrichi d'un petit commentaire. Cela serait suffisant pour les visiteurs d'écoles qui n'ont besoin que de connaître leurs attributions et leurs devoirs, et qui n'ont pas à traiter les questions administratives.

Que les inspecteurs d'arrondissement, les inspecteurs d'Académie, les recteurs, les membres du conseil académique et du conseil départemental aient un ouvrage plus étendu qui renferme la clef de tous les cas pratiques, cela se comprend; car ils sont chargés de l'exécution intégrale de la loi, de la direction du personnel et de la solution d'une foule de difficultés qu'on leur soumet de toutes parts.

Mais pour les maires, les curés, les délégués cantonaux et les délégués communaux, un petit manuel bien clair et bien simple vaut mieux qu'un traité complet sur la matière. C'est notre manière de voir.

On peut aussi lire avec profit les ouvrages pédagogiques de Barreau, de Théry, de Rendu et de Charbonneau.

Ces différents ouvrages dont nous venons de parler plus haut et, en général, tous ceux qui tiennent à la question de loin ou de près, se trouvent à Nancy, chez M. Vagner, rue du Manége, 3, et chez Victor Sarlit, rue de Tournon, 19, Paris.

V. — QUEL EST LE MOYEN DE SE TENIR AU COURANT DE L'INSTRUCTION PRIMAIRE DANS SON DÉPARTEMENT?

Si vous avez à cœur de remplir vos obligations et de connaître les mesures administratives qui concernent l'enseignement primaire et les améliorations notables qui se produisent au milieu de vous, lisez régulièrement le *Bulletin de l'Instruction primaire* qui paraît tous les mois dans chaque département et qui est envoyé à tous les instituteurs publics.

Comme ce *Bulletin* est la propriété de la commune, il nous paraît que le délégué a le droit d'en prendre connaissance, afin d'être renseigné sur tout ce qui se rattache à ses fonctions.

C'est le Moniteur officiel des instituteurs. Il renferme les nominations et les changements du personnel, les actes officiels de l'autorité supérieure, les décisions du conseil départemental et du conseil académique et les instructions spéciales concernant la direction des écoles primaires.

M. de Fourtou, lorsqu'il était ministre de l'instruction publique, engageait les préfets à envoyer ce *Bulletin* aux délégués cantonaux.

« Il serait à désirer, dit-il, que vous fissiez envoyer à Messieurs les délégués le *Bulletin de l'instruction primaire* qui se publie dans votre département. Ils se trouveraient de cette façon informés de tous les faits scolaires qui intéressent la région et pourraient se rendre un compte exact des progrès et des besoins du service. »

Plusieurs conseils départementaux ont déféré à cette invitation.

VI. — COMMENT LE DÉLÉGUÉ PEUT-IL RENDRE COMPTE DE SES VISITES AU CONSEIL DÉPARTEMENTAL ?

C'est très-facile : il prendra aux bureaux de l'inspection académique des modèles de rapports, il les remplira, en répondant par quelques mots aux questions posées, il y ajoutera des observations particulières, s'il le juge à propos, puis il les enverra sous bandes à M. l'inspecteur d'Académie, qui est chargé de les soumettre au conseil départemental.

Le délégué ne craindra pas d'exposer au long l'état de l'instruction dans les écoles de son ressort.

Je veux bien qu'il n'ait pas à contrôler les méthodes, à entrer dans des investigations minutieuses et à formuler des jugements techniques, comme les inspecteurs primaires, mais encore faut-il qu'il rende compte de l'enseignement proprement dit. Autrement son rôle serait singulièrement effacé, pour ne rien dire de plus.

Ce serait ici le lieu de renvoyer à la circulaire ministérielle du 16 mai 1855, qui invite le délégué à faire, outre ses visites mensuelles, deux examens *spéciaux* avec le maire et le curé.

Il est libre de rédiger annuellement plusieurs rapports sur la même classe; mais aujourd'hui, on se contente d'en envoyer deux, à des époques déterminées : l'un dans le courant d'avril pour le semestre d'hiver, l'autre en juillet pour le semestre d'été.

Cela est suffisant et nous faisons des vœux pour que le délégué ne recule jamais, sous aucun prétexte, devant cette facile besogne.

C'est le moyen de constater le résultat de ses visites et de prêter un utile concours à l'administration pour une œuvre digne d'intérêt.

Les délégués catholiques, j'en ai la confiance, ne resteront pas indifférents et inactifs, en présence des calamités effroyables qu'une éducation impie a déversées sur notre malheureuse France, autrefois si chrétienne et si puissante.

VII. — SI UN DÉLÉGUÉ N'A POINT DE RAPPORTS IMPRIMÉS, COMMENT FERA-T-IL ?

Il pourra choisir l'un des deux modèles, suivants qui sont assez complets, comme il est facile de le constater :

Instruction primaire. 1er MODÈLE EMPRUNTÉ A L'ACADÉMIE DE NANCY. ARRONDISSEMENT d

INSPECTION de

Académie de

CANTON d

DÉLÉGATION CANTONALE

Ecole de *visitée le* 187 .

Résumé des Notes fournies par M. *délégué chargé de l'inspection des écoles de la commune d*

Nom de l'instituteur :
Sa conduite est-elle bonne?
Témoigne-t-il à l'autorité civile et religieuse le respect qu'il leur doit ?
A-t-il des difficultés avec l'une ou l'autre d'entre elles ?
Quelles en sont les causes?
L'enseignement religieux et moral est-il donné avec soin ?
Les enfants sont-ils exactement conduits aux offices les dimanches et les fêtes ?
S'y conduisent-ils bien?
La discipline est-elle bien observée dans la classe?

L'éducation est-elle soignée sous le rapport de la	propreté ? politesse ? décence dans la tenue et le langage ?
L'enseignement a-t-il un caractère d'utilité pratique................................	lecture ? écriture ? éléments de la langue française ? calcul et système légal des poids et mesures ?
Les élèves sont-ils exacts à venir en classe ?	
L'instituteur enseigne-t-il avec succès......	les notions agricoles ? la gymnastique ? le chant et surtout le chant religieux ?
Les salles de classe et le préau sont-ils régulièrement et convenablement..........	balayés ? aérés ? chauffés en hiver ?
La rétribution mensuelle est-elle élevée.....	trop peu ? assez ? trop ?
Combien d'élèves	payants ? gratuits ?

Admet-on gratuitement les élèves dont les parents ne peuvent réellement payer la rétribution?
N'admet-on que ceux-là?
Les élèves admis gratuitement reçoivent-ils les livres de classe, cahiers, plumes, etc.?
La commune fait-elle les frais de ce matériel?
Le registre de présence des élèves est-il régulièrement tenu?

L'état du logement est-il	bon?	médiocre?	mauvais?
Id. de la classe	id.	id.	id.
Id. du mobilier	id.	id.	id.
Id. du jardin	id.	id.	

Les enfants des deux sexes sont-ils convenablement séparés et surveillés?
Les travaux à l'aiguille sont-ils enseignés dans l'école mixte?

Fait à *le* 187 .

LE DÉLÉGUÉ CANTONAL.

P.-S. M. le délégué est prié de donner, sur les écoles des filles, des renseignements analogues, en y ajoutant une note spéciale sur les ouvrages à l'aiguille qui doivent être, de la part de la maîtresse, l'objet d'une vive sollicitude. Il voudra bien placer, au verso, les observations particulières qu'il jugerait convenable de faire, en y ajoutant celles qui concerneront le maître-adjoint, si l'école en a un.

DÉPARTEMENT
de

CANTON
de

COMMUNE
de

2e MODÈLE DE RAPPORT.

ÉCOLE dirigée par M. *et visitée*
le *et le*

RAPPORT SEMESTRIEL

de M. *délégué cantonal à*

I. — NOTES SUR L'INSTITUTEUR.

Sa conduite.
Sa tenue.
Son caractère
Son aptitude.
Son zele.

Ses relations avec :
- 1° M. le Maire.
- 2° M. le Curé.
- 3° M. le Délégué.
- 4° Les habitants.

II. Tenue de l'École.

Discipline.
Mode d'enseignement.
Emploi du temps.
Punitions.
Récompenses.
Politesse.

Propreté............
- 1° des enfants.
- 2° de la salle.
- 3° du préau.

Tenue des livres.
  id. des registres.
  id. du journal de classe.

III. Résultat de l'enseignement.

Instruction religieuse.
Histoire sainte.
Lecture .... { du latin.
{ du français.
Ecriture.
Tenue du corps.
Grammaire et orthographe.
Calcul.
Système métrique.
Histoire de France.
Géographie.
Agriculture.
Gymnastique.
Chant.
Chant religieux.

IV. Traitement de l'Instituteur.

Traitement de la commune, y compris les écolages...
Combien y a-t-il comme chantre ?..................
id. id. comme sacristain ?. ....
id. id. pour la remonte de l'horloge ?.....
id. id. pour la sonnerie ?................
id. id. pour le greffe de la mairie ?.......

Total..........

V. Logement.

État du logement.
id. de la classe.
id. du mobilier.
id. du jardin.

Résumé.

Fait-il bien dans la commune ?
Jouit-il de la considération générale ?
Est-il opportun de le changer ?
Mérite-t-il de l'avancement ?

Observations particulières.

Le Délégué cantonal.

VIII. — Y A-T-IL UN RÈGLEMENT DES ÉCOLES POUR CHAQUE DÉPARTEMENT? OUI.

Pour que les délégués soient au courant de tout ce qui tient à l'instruction primaire, nous croyons devoir les engager à se procurer le Règlement des écoles de leur département.

Ils en ont besoin tous les jours pour la solution d'une foule de difficultés administratives et pédagogiques.

La connaissance de ce Règlement les empêchera de commettre des erreurs préjudiciables à leur autorité et à leur considération.

Dans la première et la seconde édition du *Guide du Délégué cantonal*, nous avons publié le Règlement des écoles de la Meurthe, mais comme notre ouvrage est aujourd'hui répandu dans toute la France, nous avons dû supprimer ce qu'il y avait de trop spécial à notre département.

IX. — LA DÉLÉGATION DOIT-ELLE AVOIR DES ARCHIVES?

Une délégation qui veut prospérer aura des archives, c'est-à-dire :

1° Un registre des délibérations qui reflètera exactement la physionomie des séances.

2° Quelques ouvrages de pédagogie, tels que Barrau, Rendu, Julien, etc.

3° Quelques Manuels de législation sur l'enseignement, tels que Pichard, Magendie, Pitolet, etc.

3° Une Revue d'enseignement primaire, telle que l'*Ecole primaire*, ou le *Bulletin de l'instruction primaire*, ou le *Manuel général de l'instruction primaire*, ou l'*Education*.

Je recommande spécialement le journal l'*Education*, qui s'imprime chez Poussielgue, rue Cassette, 27, à Paris. (6 francs.)

CHAPITRE CINQUIÈME

DEVOIRS ACTUELS DES VISITEURS D'ÉCOLES

Vous donc, visiteurs d'écoles, à quelque rang que vous apparteniez, maires, curés, délégués cantonaux, inspecteurs d'arrondissement, contribuez, pour votre part, à faire exécuter la loi si féconde et si judicieuse du 15 mars 1850.

I. — VEILLER A CE QUE LA RELIGION TIENNE LA PLACE D'HONNEUR.

Ce devoir prime tous les autres, car la religion, c'est le *passé*, c'est l'*avenir* de la France.

C'est la religion qui maintient le respect dans les familles, l'obéissance dans la société, la discipline dans l'armée et la dignité dans les chefs.

La religion nous donnera des enfants soumis, des sujets fidèles à leurs pays et non des factieux qui épouvantent les honnêtes gens et qui font trembler le sol sur leurs pas.

Les esprits sérieux commencent à sentir cette vérité.

Un journal qui est loin d'être favorable à la religion, le *Constitutionnel*, en 1871, a publié les réflexions suivantes qui sont à l'appui de notre thèse :

« Les populations sont décimées par la guerre, démoralisées par la révolution, et il ne serait pas permis à des ministres de Dieu de leur offrir le refuge de la prière et les salutaires ressources de la foi !

» Avec quoi donc le *Siècle* peut-il rendre un peu de vigueur à nos pauvres tempéraments affaiblis, à nos âmes débiles ? Il a pu tout à son aise essayer l'effet de son matérialisme et de son positivisme sur les masses ; depuis cinquante ans, il exerce librement le sacerdoce de l'incrédulité ; il a pu, tous les matins, sans être troublé, « manger du prêtre » et donner à ses lecteurs le spectacle de cette ribotte impie ; il a édifié le mal et distribué l'impiété de Voltaire sans l'assaisonnement de son esprit.

» Où a-t-il mené le peuple avec ce régime ? En promenant autour de nous nos regards attristés, nous voyons les fruits de ce misérable apostolat ; nous les avions appréciés dans la paix ; nous venons de les apprécier dans la guerre.

» On a pu faire la comparaison des disciples de Voltaire avec les croyants.

» Cherchez au premier rang de l'armée, dans les avant-postes, en face des canons : qui se bat avec furie ? quels sont les jeunes héros qui bravent la mort et qui la reçoivent héroïquement? qui voit-on marcher à l'assaut de Villejuif, à Châtillon, au Bourget, à Montretout? qui se distingue à Coulmiers? qui a consolé la France des désastres de l'armée de la Loire? Ce sont les braves Bretons, les braves Vendéens, les Poitevins, les paysans du Périgord et de la Gironde, les zouaves pontificaux, ce sont les fils de nos vieilles familles françaises nourris dans le respect de Dieu et dans le culte chrétien.

» On a mis à l'ordre du jour des religieux, des Sœurs de charité; on a cité comme des exemples de bravoure les Charette, les Cathelineau, les Dampierre, les Saillard. — Que le matérialisme montre ses héros! Il en est assurément qui, sans croyance, par le seul stimulant de la gloire et du devoir patriotique, n'ont point reculé devant la mort; mais leurs exploits sont isolés; ils n'ont rien d'éclatant, de collectif, rien qui ait provoqué l'attention des chefs ou l'admiration des soldats.

» On en a vu beaucoup se traîner dans les arrière-gardes, rechercher les ambulances. Paris en a vu quelques-uns se dérober cyniquement aux premiers feux; d'autres se sont réservés pour la guerre civile. Les plus prudents se sont mis à l'abri de la bataille dans de calmes sinécures. Ce qu'ils savaient faire avec vaillance : c'était se parer d'uniformes brillants et de képis invraisemblables; c'était discourir dans les clubs en faveur de la guerre à outrance. Pendant que les soldats chrétiens versaient leur sang, les démagogues troublaient le pays et y jetaient des ferments de discorde ; ceux qui n'y étaient pas atroces étaient ridicules.

» Maintenant l'expérience est faite et la question jugée ; il faut laisser la France REVENIR AUX SOURCES DU PUR PATRIOTISME. »

Qu'avons-nous vu, ces dernières années, à Paris? Un gouvernement qui payait des professeurs pour prêcher l'athéisme, l'impiété, le mépris de Dieu et de tout ce qu'il y a de plus sacré ici-bas.

Mgr l'Evêque d'Orléans, à la vue du danger, pousse le cri d'alarme et porte à la connaissance du public des faits qui jettent une vive lumière sur la situation.

Mgr le cardinal de Rouen dit après avoir lu la brochuche de son éminent collègue :

« Je me suis mis dès ce moment à étudier la situation, j'en suis navré, indigné, épouvanté. »

M. Duruy répondait aux plaintes générales : « L'État a une telle foi dans le triomphe nécessaire de la vérité qu'il ne redoute même pas l'avenir. Il croit tant à la puissance de la raison qu'il est convaincu que les bonnes causes n'ont rien à craindre des faux systèmes. Ne craignez rien, ne vous préoccupez pas du mal qui s'accomplit, dit-il avec onction, le triomphe de la vérité est inévitable. »

On pousserait difficilement plus loin la

candeur, ou plutôt l'imprévoyance. Est-ce ainsi que l'on veut faire de la bonne politique et régénérer un pays qui a grand besoin de régénération?

Voilà la cause de tous les spectacles désolants que nous avons eus sous les yeux. Et puis après cela, on se désolera, on gémira, en voyant l'esprit d'insubordination qui sort de nos écoles et qui arrive aux déplorables résultats que nous avons constatés!

Il ne saurait en être autrement. Semez le vent, vous recueillerez la tempête.

Aujourd'hui plus que jamais, on doit se convaincre de cette vérité: fonder des écoles sans religion, c'est bâtir sur le sable, ou plutôt, c'est bâtir sur un volcan.

Ne séparons jamais deux choses qui doivent marcher de concert: la religion et l'instruction.

Cette pensée, un poëte, ami du peuple, l'exprimait excellemment. Comme on bâtissait une maison d'école dans son village, l'idée lui vint de la comparer à la vieille église dont les murs étaient noircis par le temps.

Il donna aux architectes ce judicieux conseil:

« De l'église du bourg, sondez les fondements;
» La foi, la paix du cœur en furent les ciments;
» Dix siècles ont passé sur le saint édifice:
« Donc pour bien affirmer la nouvelle bâtisse.

» C'est peu du granit dur et c'est peu du mortier;
» Et c'est encore trop peu des règles du métier,
» Maçon, si vous voulez que votre blanche école
» Ne tombe pas au vent, comme un jouet frivole,
» Dès la première assise, à côté du savoir,
» Mettez la foi naïve et l'amour et l'espoir. »

HENRY BRIZEUX.

II. — RECOMMANDER AUX INSTITUTEURS LE RESPECT DE L'AUTORITÉ.

Un autre devoir des visiteurs d'école, c'est de prêcher aux maîtres le respect de l'autorité *religieuse* et de l'autorité *civile*.

Les maîtres doivent la déférence à l'autorité civile et à l'autorité religieuse. Une scission est toujours un malheur et un scandale. C'est M. Guizot qui parle :

« Le maire est le chef de la commune; l'intérêt pressant comme le devoir de l'instituteur est de lui témoigner en toute occasion la déférence qui lui est due. Le curé a droit aussi au respect, car son ministère répond à ce qu'il y a de plus élevé dans la nature humaine.... rien d'ailleurs n'est si désirable que l'accord du prêtre et de l'instituteur! Tous deux revêtus d'une autorité morale, tous deux ont besoin de la confiance des familles, tous deux peuvent s'entendre pour exercer sur les enfants, par les moyens divers, une commune influence. Un tel accord vaut bien qu'on fasse pour l'obtenir quelques sacrifices... » GUIZOT.

Jamais les différentes autorités qui sont préposées à l'enseignement n'ont eu plus de raison de s'occuper de la surveillance des maîtres. Il y a péril en la demeure.

Il ne s'agit pas de craindre de froisser des susceptibilités, le temps des tergiversations est passé.

Nous surtout, délégués catholiques qui avons la surveillance des instituteurs, prêchons d'exemple, nous connaissons nos droits, nous en userons pour le bien de la *France* et de la *Religion,* suivant le vœu émis, en 1851, par le Conseil académique de Nancy.

En ce faisant, nous répondrons à un désir du Souverain-Pontife qui adressait ces belles paroles à M. le comte de Molé, le 17 mars 1857 :

« Faites tous vos efforts pour que l'éducation chrétienne du peuple, l'une des principales causes de la prospérité de la société civile, soit encouragée de plus en plus, répandue davantage, préservée de toutes les erreurs et défendue contre leur contagion. »

CHAPITRE SIXIÈME

REMARQUES IMPORTANTES.

I.

Les délégués auront soin d'étudier leurs *droits* et leurs *devoirs*, afin de s'acquitter honorablement de leurs importantes fonctions.

« Plus elles sont recommandables, dit un publiciste, plus elles exigent de qualités de la part de ceux qui en sont revêtus. La condition la plus essentielle en tout genre d'administration est d'apprendre les *droits* qu'elle confère et les *devoirs* qu'elle impose.

» Toute charge emporte avec elle l'obligation sacrée d'une mesure de savoir et d'instruction relative à son importance.

» S'y ingérer ou même l'accepter sans posséder cette juste suffisance, sans promettre du moins de l'acquérir, c'est s'exposer témérairement à tomber dans une multitude de fautes et d'erreurs plus ou moins préjudiciables et par une conséquence nécessaire, c'est engager sérieusement sa conscience.

» Un fonctionnaire étranger à la connaissance des lois, décrets et règlements qui concernent ses fonctions ne serait pas moins repréhensible ; il deviendrait également responsable devant Dieu et devant les hommes des omissions et des fausses démarches, aussi bien que des excès de pouvoir qui auraient pour cause cette ignorance.

» Sans doute, on n'exige pas de lui la science profonde d'un jurisconsulte ; tout ce qu'on lui demande, ce sont des notions usuelles et pratiques qui embrassent tous les cas ordinaires et cette sagesse qui sait douter du moins et consulter de plus habiles, quand surgissent des difficultés qui sortent de l'ordre commun. »

II.

Les délégués ont plus de goût pour inspecter un pensionnat qu'une école primaire. Ils aiment de rencontrer des intelligences plus développées et des études un peu supérieures. Il y a pour eux de l'attrait et du plaisir, c'est un fait incontestable. Mais quand ils sont en présence de jeunes enfants qui savent à peine orthographier et calculer, ils éprouvent une sorte de fatigue, d'ennui et d'embarras. Ils sont obligés de secouer leur torpeur, s'ils veulent s'acquitter de leurs fonctions d'une manière un peu satisfaisante.

Dans ce cas, ils feront bien de laisser le maître interroger ses élèves et se contenteront de poser de temps en temps quelques questions.

Assurément, ce n'est pas une médiocre difficulté de descendre au niveau de ces jeunes intelligences, et ce n'est qu'à la longue que l'on arrive à ce résultat.

III.

En général, les délégués cantonaux déploient une grande activité au commencement. Mais bientôt leur zèle se refroidit, ils deviennent aussi insouciants qu'ils avaient paru dévoués. A quoi cela tient-il?

C'est que, dès le principe, ils n'ont point envisagé les difficultés et les désagréments de la situation, ils n'ont voulu voir que l'apparence des choses, ils ne se sont pas pénétrés de l'importance de leur mission, ils ne s'y sont pas préparés suffisamment.

Alors ils ont mal débuté, ils n'ont pas été contents d'eux-mêmes, et puis est arrivé ce qui arrive toujours : le désenchantement, l'indifférence et le dégoût.

N'est-ce pas là, je le demande, ce qui se produit trop souvent au détriment de nos écoles?

N'est-ce pas là ce qui décourage les bons maîtres et entretient les mauvais dans leurs habitudes?

N'est-ce pas là ce qui contrarie les surveillants locaux dont le zèle se voit privé d'un précieux concours?

IV.

Messieurs les membres de la délégation, ne regardez pas vos fonctions comme purement administratives, c'est une sorte de sacerdoce que vous exercez au nom des familles dont vous soutenez les intérêts. Pénétrez-vous bien de l'importance de votre mission, travaillez pour la religion quand même vous auriez le malheur de ne pas remplir complétement vos devoirs de chrétien.

Interrogez avec convenance sur le catéchisme. Les enfants seront frappés de votre attitude respectueuse, ils seront enclins à respecter ce que vous respectez vous-mêmes et les instituteurs seront enchantés de l'appui moral que vous donnez à leur enseignement.

V.

Gardez-vous de faire des observations désagréables à un instituteur devant ses élèves. Ménagez son amour-propre et son influence qui lui est indispensable pour accomplir fructueusement son devoir.

Voyez-le en particulier, montrez-lui beaucoup d'intérêt et dites-lui franchement ce que vous avez remarqué de défectueux dans ses procédés ou sa conduite.

Au contraire, s'il est digne d'éloges, adressez-lui des compliments en présence de ses enfants; encouragez-le de tout votre pouvoir.

Toutefois, ne tombez pas dans le défaut de l'école Duruy, qui cherchait à pousser nos instituteurs dans la voie de l'orgueil, et de l'indépendance.

Ne leur dites pas comme les partisans de ce déplorable système : Vous êtes *les phares* du présent, vous êtes *l'avenir* de la France, vous êtes *les héros de la civilisation.*

C'est là une phraséologie de fort mauvais goût.

Dites-leur plutôt que la modestie sied à leurs fonctions, parlez-leur d'abnégation et de dévouement. Rappelez-leur qu'ils doivent être les auxiliaires du curé et du maire, que le respect de l'autorité et de la religion est la base de l'éducation populaire.

A la bonne heure ! vous êtes dans le vrai et vos paroles font du bien. Encore une fois, pas de charlatanisme ! nous en sommes *rassasiés,* nous n'en *voulons plus.*

CHAPITRE SEPTIÈME

CIRCULAIRE DE M. LE MINISTRE DE L'INSTRUCTION PUBLIQUE SUR LES DÉLÉGATIONS.

Paris, le 24 janvier 1874.

Monsieur le préfet,

Les délégations cantonales, instituées par les articles 18 et 42 de la loi du 15 mars 1850, ne sont pas organisées dans tous les départements, et, dans quelques autres, elles ne fonctionnent plus avec toute la régularité désirable.

Cet oubli d'une des prescriptions les plus importantes de la loi organique du 15 mars 1850 est, à tous égards, profondément regrettable. L'institution des délégués cantonaux, telle que l'a comprise le législateur de 1850, doit, en effet, rendre les plus grands services, et c'est avec raison que tous les auteurs des divers projets de lois sur l'instruction primaire, dont l'Assemblée nationale est actuellement saisie, proposent son maintien et cherchent même à grandir son influence.

Le délégué cantonal se charge volontairement d'une mission fort délicate ; il est du devoir de l'administration de le soutenir et de l'encourager. S'il a du zèle et une certaine compétence, s'il est dévoué à l'œuvre de l'enseignement populaire, son action est des plus utiles dans la circonscription dont il est chargé; il sert, pour ainsi dire, de lien, d'intermédiaire autorisé entre les familles, dont il apprécie en parfaite connaissance de cause les besoins et les tendances, l'instituteur, qu'il voit à l'œuvre et surveille de très-près, et l'autorité départementale, à laquelle il fournit les renseignements les plus précieux.

Tous les trois mois, il rend compte à ses collègues de la délégation, réunis au chef-lieu du canton, des faits les plus saillants qu'il a constatés et des impressions qu'il a recueillies.

Là, soustraits aux influences locales, voyant les personnes et les choses d'assez loin et d'assez haut, les délégués cantonaux délibèrent sur les questions scolaires et émettent des avis avec une indépendance que personne n'a le droit de suspecter. Ces avis sont ensuite transmis au conseil départemental, car la loi exige leur production dans les circonstances déterminées et sur des matières quelquefois difficiles.

En dehors de la surveillance des écoles, les attributions de la délégation cantonale sont nombreuses, vous le savez; je crois devoir, toutefois, vous rappeler les principales, afin de montrer combien il est urgent de reconstituer ces comités cantonaux, s'ils ont cessé de fonctionner dans votre département.

C'est ainsi que, lorsqu'il s'agit de l'ouverture d'une école, le délégué doit visiter le local destiné aux classes et faire connaître au conseil départemental si l'établissement est suffisamment propre à l'usage auquel il sera consacré (article 7 du décret du 7 octobre 1850).

Vous devez soumettre aux délégations les délibérations des conseils municipaux relatives aux dépenses d'entretien des écoles primaires publiques et à la fixation de la rétribution scolaire dans ces établissements ainsi que dans les salles d'asile publiques (article 19 du décret du 7 octobre 1850 et 33 du décret du 21 mars 1855).

Seuls, les délégués cantonaux peuvent autoriser les personnes qui, dans un but charitable et sans rétribution aucune, veulent enseigner à lire et à écrire aux enfants (article 29 de la loi de 1850). C'est là une attribution considérable et pour laquelle nul ne peut les suppléer. Dans ce cas même, le législateur leur a accordé une part d'autorité, dont mon administration n'a jamais appris qu'ils aient abusé.

Il importe donc, Monsieur le préfet, que vous preniez immédiatement les mesures nécessaires, pour mettre fin, s'il y a lieu, à un état de choses irrégulier et dont les conséquences ne peuvent être que fort nuisibles aux progrès mêmes de l'instruction primaire.

Je ne saurais trop insister pour que vous recherchiez dans votre département les personnes qui, par leur instruction, leur situation personnelle et leur notoriété, pourraient faire utilement partie des délégations cantonales. Le conseil départemental (article 42 de la loi de 1850), éclairé par vous, choisira, je n'en doute pas, les délégués les plus dignes de la mission qu'il leur confiera.

Ainsi que l'écrivait un de mes prédécesseurs : « Il ne faut pas que ces fonctions puissent jamais être données à ceux qui les rechercheraient uniquement comme moyen d'influence. Elles doivent être conférées seulement comme des occasions de service public et de dévouement. » Le conseil départemental ne perdra pas de vue ces considérations, et, au besoin, vous sauriez les lui rappeler, lorsqu'il procédera aux désignations nouvelles. Il sentira, j'en suis certain, la nécessité de n'accorder un semblable témoignage d'estime qu'aux personnes qui joignent à un amour véritable de l'instruction populaire les sentiments les plus désintéressés.

Je n'ai pas besoin d'ajouter, Monsieur le préfet, que tous vos efforts doivent tendre à faciliter aux délégués l'accomplissement de leur tâche. Vous comprenez, en effet, combien il importe que ces auxiliaires dévoués de l'administration puissent toujours compter sur son appui.

Vous voudrez bien les tenir exactement au courant des mutations faites entre les instituteurs de leur circonscription, leur faire connaître les récompenses qui auraient été accordées à ces maîtres et les peines disciplinaires que quelques-uns d'entre eux auraient encourues. Il convient aussi qu'aucun congé ne soit accordé à un instituteur, sans que vous en informiez le délégué chargé spécialement de la surveillance de son école. L'action des délégations cantonales ne sera véritablement profitable qu'à la condition que l'autorité témoignera, par ses fréquents rapports avec les délégués, de tout le prix qu'elle attache à leur collaboration.

Il serait à désirer aussi que vous fissiez envoyer à MM. les délégués le bulletin de l'instruction primaire qui se publie dans votre département. Ils se trouveraient, de cette façon, informés de tous les faits scolaires qui intéressent la région et pourraient se rendre un compte exact des progrès et des besoins du service.

Je vous prie, Monsieur le préfet, de m'accuser réception de la présente circulaire et de m'informer, avant le 15 février prochain, des mesures que vous aurez prises pour reconstituer les délégations si elles avaient cessé d'exister dans votre département.

Dans le cas où cette institution y serait encore en vigueur, vous voudriez bien m'adresser, à la même date, un rapport détaillé sur la manière dont elle fonctionne et sur les résultats qu'elle obtient.

Recevez, Monsieur le préfet, l'assurance de ma considération très-distinguée.

Le ministre de l'instruction publique,
des cultes et des beaux-arts,

DE FOURTOU.

Cette circulaire a été une bonne fortune pour les délégations cantonales qui depuis longtemps étaient abandonnées à elles-mêmes.

M. de Fourtou a bien compris la situation et nous sommes heureux de le remercier de son intelligente initiative, au nom des intérêts sacrés de l'éducation populaire.

DEUXIÈME PARTIE

DÉLÉGATION COMMUNALE

On nous fait observer avec raison, que pour compléter ce travail, il faudra dire un mot de la *délégation communale* et en faire connaître les particularités.

Ce sera le sujet du présent article qui pourra être utile aux intéressés, vu que la loi de 1850 qui nous régit actuellement sera encore en vigueur pendant plusieurs années; du moins nous l'espérons.

Le maire et le curé sont les surveillants légaux des écoles de leur commune respective, comme il ressort de l'article 44 de la loi organique : « *Les autorités locales préposées à la surveillance et à la direction morale de l'enseignement primaire sont pour chaque école le maire, le curé....* »

Aujourd'hui il n'y a plus de comités locaux. En effet, à quoi bon ces rouages qui fonctionnaient si difficilement et qui produisaient si peu de résultats ? L'expérience les a condamnés et la loi leur a donné le coup de grâce.

Par conséquent, aucun notable du lieu n'a plus le droit d'intervenir, en qualité de membre du comité local, comme sous le régime de la loi de 1833.

La direction de l'enseignement primaire est laissée à qui de droit, c'est-à-dire au maire de la commune et au curé de la paroisse.

Que le maire, administrateur des fonds communaux, vérifie par lui-même si l'instituteur est digne des sacrifices que l'on s'impose pour rémunérer ses services journaliers, rien de plus naturel.

Que le pasteur qui représente les intérêts les plus élevés et qui sait que la religion doit marcher de pair avec l'instruction, ait le droit légal de s'en assurer par une inspection active et persévérante, rien encore de plus naturel et de plus juste.

En résumé, le maire et le curé ont seuls le privilége de contrôler l'enseignement primaire. Voilà ce qui est réglé par la loi organique du 15 mars 1850.

I. — QU'EST-CE QUE LES DÉLÉGUÉS COMMUNAUX ?

Pour les villes de 2,000 âmes et au-dessus, il y a une particularité qui est amenée par la force des choses et que j'appellerai volontiers un *régime exceptionnel*.

Le nombre des autorités locales scolaires est augmenté, car on adjoint au maire et au curé plusieurs notables qui sont chargés de les assister ou de les remplacer.

Lisez l'article 44 : « *Les autorités préposées à la surveillance et à la direction morale de l'enseignement sont pour chaque école le maire, le curé... et dans les communes de 2,000 âmes et au-dessus,* un *ou* plusieurs *habitants de la commune délégués par le conseil départemental.* »

C'est là une mesure très-sage et qui peut être fertile en bons résultats.

En effet, dans une grande ville où les écoles communales et les écoles libres sont nombreuses, le maire et les curés avec la meilleure volonté du monde, ne pourraient jamais s'acquitter des devoirs importants de la surveillance. Le temps leur ferait défaut, il est aisé de le comprendre. L'instruction populaire y serait donc en souffrance, malgré le concours de l'inspecteur et des délégués cantonaux, et sous ce rapport les villes considérables seraient déshéritées des avantages dont jouissent nos petites communes rurales.

Cela ne doit pas être. La loi du 15 mars ne l'a pas voulu ; elle a comblé cette lacune d'une façon intelligente, en instituant les délégués communaux pour être les précieux auxiliaires du maire et du curé.

II. — ONT-ILS DES RÉUNIONS ? OUI.

Ils se réunissent tous les mois, et plus

souvent, si les besoins l'exigent ; ils se partagent les nombreuses écoles de la ville et prennent leurs mesures de façon à ce qu'elles aient régulièrement le bénéfice de la surveillance. Dans l'intérêt de leur mission, ils feront bien de se concerter entre eux, afin de se partager, non-seulement les écoles, mais encore les matières sur lesquelles ils devront interroger.

En général, les membres de la délégation communale sont des hommes d'élite, et notamment d'anciens professeurs qui acceptent généreusement cette humble mission, parce qu'ils veulent encore se rendre utiles à la société, et parce qu'ils sont heureux de retrouver une occupation qui est une réminiscence du passé.

III. — PEUVENT-ILS CHOISIR LEUR PRÉSIDENT ? NON.

Ils forment un comité qui a quelque ressemblance avec les anciens comités locaux. « *Les autorités préposées par l'article 44 de la loi organique à la surveillance des écoles peuvent se réunir sous la présidence du maire pour convenir des avis à transmettre à l'inspecteur de l'instruction primaire et aux délégués cantonaux.* » (Art. 49 du décret du 29 juillet 1850.)

Ils n'ont pas, comme les délégués cantonaux, le privilége de choisir leur président.

En vertu de ce décret, ils se réunissent

sous la présidence du maire, pour délibérer.

Le décret ressemble plus à une invitation qu'à un ordre ; toutefois, dans la pratique, on s'y soumet entièrement et l'on a raison.

IV. — DOIVENT-ILS ÊTRE NOMBREUX ? OUI.

A Nancy, sans compter le maire et tous les curés des paroisses, il y a jusqu'à 30 délégués communaux, s'il faut s'en rapporter au *Bulletin de l'instruction primaire* du mois d'avril 1872.

Evidemment ce n'est pas trop, vu le nombre considérable d'écoles communales et d'instituteurs primaires. Il faut intéresser le plus de monde possible à la cause de l'instruction.

La société ne doit pas abdiquer. Jadis elle a combattu pour la liberté d'enseignement, elle l'a obtenue.

Elle doit donc user des droits qu'elle a conquis par une lutte persévérante et intervenir sérieusement dans la surveillance de ses écoles.

Assurément si elle avait le malheur de se tenir à l'écart, l'Université ne manquerait pas de profiter de cette négligence, pour de nouveau imposer le joug de son monopole.

En parcourant la liste des délégués communaux de Nancy, on ne peut s'empêcher de reconnaître qu'elle comprend les noms les plus honorables et les plus avantageusement connus. Le conseil départemental de l'instruction publique a toujours fait ses choix avec une impartialité et une intelligence qui l'honorent. Nous sommes heureux de le constater.

V. — ONT-ILS UNE JURIDICTION AUSSI ÉTENDUE QUE LES DÉLÉGUÉS CANTONAUX ? NON.

Dans sa séance du 2 février 1872, le Conseil départemental de l'instruction publique de la Meurthe, sur l'initiative de M. le Préfet et de M. l'Inspecteur d'Académie, a reconstitué les délégations cantonales et communales dont les pouvoirs étaient expirés depuis 1867. M. de Montesquiou, par son activité et ses circulaires, a su réchauffer le zèle un peu attiédi de tous les délégués qui semblent vouloir s'acquitter sérieusement du rôle important qui leur a été confié.

Aujourd'hui nous avons des délégations communales à Pont-à-Mousson, à Toul et à Lunéville ; ce qui n'existait pas autrefois. C'est encore une excellente innovation dont il est uste de féliciter M. de Montesquiou, qui est actuellement conseiller d'Etat.

Est-ce à dire que les délégués cantonaux n'aient rien à voir dans les écoles qui sont sous la surveillance des délégués *communaux?* Ce serait une erreur de le prétendre.

Ceux-ci sont revêtus des mêmes attributions que le maire et le curé, mais ceux-là ont une juridiction plus étendue qui ne s'arrête qu'aux *frontières* du canton. Leur dénomination l'indique suffisamment; de plus l'article 49 précité nous dit formellement que dans leurs réunions, les membres de la délégation communale pourront transmettre des avis aux délégués cantonaux; ce qui suppose que les attributions de ces derniers sont supérieures.

Nous n'insistons pas, la chose est trop évidente.

VI. — QUELLE EST LA DURÉE DE LEUR MANDAT?

La loi est muette sur ce point. Les décrets supplémentaires gardent également le silence.

La question, puisqu'elle en valait la peine, a été portée, dès le principe, devant le Conseil supérieur qui a décidé que, par analogie, il y avait lieu d'appliquer l'article 42 et que, en conséquence, ils étaient nommés pour trois ans comme leurs collègues de la délégation cantonale. *(Circulaire ministérielle du 15 avril 1854.)*

VII. — ONT-ILS LE DROIT DE VISITER LES ÉCOLES LIBRES ? OUI.

Les délégués communaux ont à visiter les écoles libres, aussi bien que les écoles communales, mais ils se rappelleront que, dans ce cas, la surveillance n'a pour objet que la *moralité* et *l'hygiène*.

Les méthodes d'enseignement et l'enseignement proprement dit ne sont pas de leur compétence. Ils n'interrogeront les élèves, qu'autant qu'ils y seront autorisés par les chefs d'institutions.

Leurs visites devront être faites avec beaucoup de délicatesse et de circonspection : il est facile de le comprendre. La liberté d'enseignement n'est pas un vain mot ; c'est une vérité, surtout pour les fonctionnaires préposés à la surveillance de nos écoles libres. Il faut les encourager, car elles établissent une concurrence qui favorise les progrès de l'instruction.

VIII. — AVEC QUI ONT-ILS FRANCHISE ?

Les délégués communaux, en qualité d'autorités scolaires, ont *droit de franchise :*

Dans le canton, avec les maires, les curés, les délégués cantonaux et les délégués des consistoires israélites.

Dans l'arrondissement, avec le sous-préfet et l'inspecteur primaire.

Dans le département, avec le recteur, le préfet et l'inspecteur d'Académie.

Mais pour jouir sans difficulté du droit de franchise, ils n'oublieront pas :

1° Que leurs dépêches doivent être régulièrement contre-signées de leur nom et titre de délégués.

2° Qu'il faut les mettre sous bandes croisées.

3° Que ces bandes ne doivent pas excéder le tiers de la surface des lettres expédiées.

Si l'on omet une de ces précautions, la dépêche est soumise à la taxe comme une lettre ordinaire.

Voilà, je pense, tout ce que l'on peut dire sur la délégation communale, mais il sera très-utile, pour ne pas dire nécessaire, de consulter le *Guide du Délégué cantonal*, si l'on veut ne pas se fourvoyer, et mettre le pied sur le terrain des attributions des autres; ce qui n'est pas rare et ce qui occasionne des conflits au détriment de la bonne cause.

CONCLUSION GÉNÉRALE

La surveillance est l'âme des écoles ; elle tient en haleine les maîtres et les élèves, et par conséquent elle produit des résultats qui ne sont point à dédaigner.

Nous voulons tous de bonnes écoles et d'excellents instituteurs; très-bien ! Nous avons raison. Mais encore faut-il mettre la main à l'œuvre et ne pas regarder en arrière, en nous laissant décourager par les difficultés qui se rencontrent sur notre chemin.

On se plaint beaucoup trop, on n'agit peut-être pas assez.

On ne connaît pas la loi, et l'on se compromet par des démarches intempestives; c'est la remarque de Mgr Parisis, ancien évêque de Langres.

Il est nécessaire de se pénétrer de l'esprit qui a présidé à la nouvelle organisation de l'enseignement et de se reporter aux circonstances au milieu desquelles elle s'est faite, afin de ne pas retomber dans les errements d'un passé qui n'est pas encore loin de nous.

Il y a en France plus de 70 mille écoles primaires et plus de quatre millions d'enfants qui les fréquentent. Cela ne vaut-il pas la peine qu'on s'en occupe sérieusement? Est-ce trop de la réunion des forces vives de la société?

L'influence des délégués sur les écoles et les maîtres sera considérable, s'ils le *veulent sérieusement;* elle sera nulle, s'ils demeurent indifférents aux progrès de l'instruction, aux prescriptions de la loi et au vœu des familles.

L'expérience nous en est un sûr garant. Si la surveillance des délégués cantonaux s'exerce dans les conditions d'un zèle éclairé; s'ils ont les yeux toujours ouverts pour encourager le bien et étouffer le mal dans sa racine, elle produira des merveilles.

Quelle sécurité pour les familles! Quel appoint pour les bons instituteurs! Quel profit pour les élèves! Quel avantage pour la religion! Quelle moisson pour l'avenir!

Il est donc à souhaiter que les différentes autorités préposées à l'enseignement se donnent la main, ou que, du moins, elles travaillent avec ardeur, chacune dans la sphère de ses attributions. Il n'est pas rare de voir régner l'unité de vues en cette matière entre le maire, le curé et le délégué. Ils sont sur les lieux, ils s'entendent aimablement, ils se concertent, ils s'encouragent et se prêtent un mutuel appui.

A l'œuvre donc, délégués ecclésiastiques et délégués laïques!

Nous connaissons maintenant nos devoirs, nous aurons plus de goût pour les remplir;

nous redoublerons nos efforts pour le développement de l'instruction basée sur la religion, et nous contribuerons à régénérer notre malheureuse patrie qui était livrée en proie aux professeurs d'immoralité et d'athéisme.

« L'éducation de la jeunesse est une question de vie ou de mort, selon qu'elle sera ou ne sera pas religieuse ; l'existence de l'Eglise ou de l'Etat en dépend. Elle est la pierre fondamentale de l'édifice social et la seule planche de salut des gouvernements. Le salut du monde est à ce prix. » DIEULIN.

« On crie maintenant : *A l'école!* comme on criait autrefois : *A Berlin !* C'est la même fureur. Vaincu sur les champs de bataille, dit Arthur Loth, on veut la revanche par l'école. Sachons lire et écrire, et nous serons un grand peuple, un peuple fort, un peuple victorieux! Cent gazettes répètent cela chaque jour à la France. »

M. Coppée a même composé là-dessus une déclamation de théâtre, qu'on va applaudir comme on applaudissait la *Marseillaise* de Thérésa.

Les Conseils municipaux et généraux voteront avec enthousiasme, qui l'instruction gratuite, qui l'instruction obligatoire, qui toutes les deux, pour régénérer la France. Tout le monde s'en va répétant qu'il faut que tout le monde sache lire et écrire. Le pays est travaillé d'une vraie fièvre d'école. L'idée de la régénération scolaire a échauffé toutes les têtes. L'unique salut viendra de l'instruction ; le maître d'école et l'homme de l'avenir ! Tous les gens « éclairés » vous disent cela aujourd'hui.

En France, on s'attroupe aux utopies comme autour des charlatans. Nous sommes excessifs en chaque chose.

On veut tout à « outrance » ; la paix, la guerre, la liberté, l'école. La fameuse formule : « *Liberté, égalité, fraternité..... ou la mort* », nous peint à merveille.

Nous avons eu successivement les ligues et les congrès de la paix, puis les ligues de la guerre, avec leurs *Marseillaises*, leurs « sang impur », leurs « à outrance », leurs émeutes, et finalement leur 18 mars. Nous avons maintenant les ligues de l'enseignement, les croisades contre l'ignorance, avec la formule nouvelle de l'instruction obligatoire : « *L'école..... ou la mort.* »

Voilà bien le caractère français, capable de se porter en un moment à tous les extrêmes !

Sans doute, un sage développement de l'instruction est désirable. Mais à voir avec quelle frénésie les esprits se ruent à la croisade scolaire, on doute qu'il y ait autant de raison que d'ardeur dans ce mouvement fébrile.

Longtemps la superstition de l'Etat a régné en France. L'Etat était le dieu du pays ; on avait le culte de l'administration. Depuis la République, l'idole a changé. On est libre maintenant, on croit moins à l'Etat; mais on a la superstition de l'école.

Quand une nation en est réduite à croire qu'elle se sauvera par l'alphabet et par les quatre règles de l'arithmétique, elle doit paraître plus proche de sa ruine que de son salut.

Ce culte de l'alphabet a le caractère d'un vrai fétichisme. Pourtant, le dieu nouveau ne nous relèvera ni ne nous sauvera.

Le progrès d'une nation ne peut tenir au nombre plus ou moins grand d'hommes sachant lire et écrire. Il est ridicule de le prétendre. L'alphabet n'est qu'un instrument. L'instruction ne vaut que par l'emploi qu'on en fait.

Mais la notion du bien et du mal, le sentiment du juste, la conscience du vrai, la pratique du devoir viennent d'ailleurs. Tous les scélérats de la Commune savaient lire et écrire; ils ne le savaient que trop. Plût à Dieu qu'ils n'eussent jamais appris l'alphabet! C'est dans les villes où le mal est le plus grand, qu'on sait le mieux lire et écrire.

L'instruction ne sert donc de rien par elle-même; elle n'est bonne en soi que si elle est bien appliquée. L'autorité morale qui doit la former et la conduire, n'est pas à l'école.

Au-dessus de l'instruction il y a l'éducation, comme au-dessus de l'école, il y a la religion.

Massillon disait : La « France n'a besoin que de vertus pour se relever. Les vertus ne s'apprennent pas dans l'alphabet. C'est en vain que le peuple sait lire et écrire, s'il ne sait pas autre chose.

» Si la religion ne préside pas à l'école, quand tout le peuple saura lire et écrire, la France n'y gagnera rien en force, ni en grandeur, ni en patriotisme ; il y aura seulement un million de soldats de plus dans l'armée de l'*Internationale.* »

AVIS IMPORTANT.

De tous côtés, on m'écrit pour me prier de faire un travail sur la *Manière d'interroger dans les Ecoles.*

J'ai déféré, malgré mon incompétence, au désir qui m'a été exprimé et je suis heureux de l'annoncer à mes collègues.

Cet ouvrage se trouve chez Vagner, libraire à Nancy, et chez Sarlit, libraire à Paris.

RECOMMANDATION AUX DÉLÉGUÉS.

Mes chers collègues, lorsque vous aurez lu cette modeste brochure, vous ferez bien de la signaler à vos amis.

Je ne prétends point qu'elle soit parfaite, mais j'ose dire qu'elle sera très-utile à tous ceux qui la prendront pour guide.

C'est une prière que je vous adresse au nom de la bonne cause et de l'enseignement populaire. Il est à désirer que tous, nous adoptions la même ligne de conduite vis-à-vis des écoles et que tous, nous nous mettions à l'œuvre en même temps.

Il est impossible qu'un délégué puisse s'acquitter honorablement de ses fonctions, s'il n'a pas un guide entre les mains. Les rapports qui me viennent de tous les points de la France ne me laissent aucun doute à cet égard.

LOI DU 15 MARS 1850.

DES ÉCOLES ET DE L'INSPECTION

Section 1re. — *Des écoles.*

Art. 17. — La loi reconnaît deux espèces d'écoles primaires ou secondaires :

1° Les écoles fondées ou entretenues par les communes, les départements ou l'Etat, et qui prennent le nom d'*ECOLES PUBLIQUES*.

2° Les écoles fondées ou entretenues par des particuliers ou des associations, et qui prennent le nom d'*ECOLES LIBRES*.

Section 2e. — *De l'inspection.*

Art. 18. — L'inspection des établissements d'instruction publique ou libre est exercée :

1° Par les inspecteurs généraux;

2° Par les Recteurs et les inspecteurs d'Académie;

3° Par les inspecteurs de l'enseignement primaire;

4° Par les délégués cantonaux, le maire et le curé, le pasteur ou le délégué du Consistoire israélite, en ce qui concerne l'enseignement primaire.

Les ministres des différents cultes n'inspecteront que les écoles spéciales à leur culte, ou les écoles mixtes pour leurs coreligionnaires seulement.

Le Recteur pourra, en cas d'empêchement,

déléguer temporairement l'inspection à un membre du Conseil académique.

Cet article a été abrogé et remplacé par les articles 1 et 3 du décret du 29 mars 1852.

Art. 20. — L'inspection de l'enseignement primaire est spécialement confiée à quatre (*deux*) Inspecteurs généraux (*supérieurs*) (*).

Il y a en outre, dans chaque arrondissement un inspecteur de l'enseignement primaire, nommé (*choisi*) par le Ministre *après avis du Conseil académique.*

Néanmoins, sur l'avis du Conseil départemental (*académique*), deux arrondissements pourront être réunis pour l'inspection (**).

Un règlement déterminera le classement, les frais de tournée, l'avancement et les attributions des inspecteurs de l'enseignement primaire.

Art. 21. — L'inspection des écoles publiques s'exerce conformément aux règlements délibérés par le Conseil supérieur.

Celle des écoles libres porte sur la moralité, l'hygiène et la salubrité.

Elle ne peut porter sur l'enseignement que pour vérifier s'il n'est pas contraire à la morale, à la Constitution et aux lois.

Les paragraphes 2 et 3 de l'article 21 ont été modifiés par l'article 17 de la loi du 10 avril 1867, en ce qui concerne les écoles libres qui tiennent lieu d'écoles publiques, ou qui reçoivent des subventions des communes, des départements ou de l'Etat. Ces écoles sont soumises à l'inspection, comme les écoles publiques.

Art. 22. — Tout chef d'établissement primaire

(*) Le nombre des inspecteurs généraux de l'enseignement primaire a été porté à quatre par décrets du 15 février 1854 et du 22 août 1854.

(**) Il y a aujourd'hui un inspecteur par arrondissement.

ou secondaire qui refusera de se soumettre à la surveillance de l'Etat, telle qu'elle est prescrite par l'article précédent, sera traduit devant le tribunal correctionnel de l'arrondissement, et condamné à une amende de 100 à 1000 fr.

En cas de récidive, l'amende sera de 500 fr. à 3000 fr. Si le refus de se soumettre à la surveillance de l'Etat a donné lieu à deux condamnations dans l'année, la fermeture de l'établissement pourra être ordonnée par le jugement qui prononcera la seconde condamnation.

Le procès-verbal des inspecteurs constatant le refus du chef d'établissement fera foi jusqu'à inscription.

DE L'ENSEIGNEMENT PRIMAIRE

CHAPITRE Ier.

DISPOSITIONS GÉNÉRALES.

Art. 23. — L'enseignement primaire comprend :

L'instruction morale et religieuse,

La lecture,

L'écriture,

Les éléments de la langue française,

Le calcul et le système légal des poids et mesures.

Il peut comprendre en outre :

L'arithmétique appliquée aux opérations pratiques ;

Les éléments de l'histoire et de la géographie ;

Des notions des sciences physiques et de l'histoire naturelle, applicables aux usages de la vie ;

Des instructions élémentaires sur l'agriculture, l'industrie et l'hygiène ;

L'arpentage, le nivellement, le dessin linéaire ;

Le chant et la gymnastique.

Cet article a été modifié par l'article 16 de la loi du 10 avril 1867, et par l'article 9 de la loi du 21 juin 1865.

Art. 24. — L'enseignement primaire est donné gratuitement à tous les enfants dont les familles sont hors d'état de payer.

CHAPITRE II.

DES INSTITUTEURS.

Section 1re. — *Des conditions d'exercice de la profession d'instituteur primaire public ou libre.*

Art. 25. — Tout Français, âgé de vingt et un ans accomplis, peut exercer dans toute la France la profession d'instituteur primaire, public ou libre, s'il est muni d'un brevet de capacité.

Le brevet de capacité peut être suppléé par le certificat de stage dont il est parlé à l'article 47, par le diplôme de bachelier, par un certificat constatant qu'on a été admis dans une des écoles spéciales de l'Etat (*), ou par le titre de ministre non interdit ni révoqué de l'un des cultes reconnus par l'Etat.

Art. 26. — Sont incapables de tenir une école

(*) Ces écoles sont : l'Ecole normale supérieure, l'Ecole polytechnique, l'Ecole militaire de Saint-Cyr, l'Ecole forestière, l'Ecole de la Marine, l'Ecole des mineurs de Saint-Etienne et d'Alais, l'Ecole des Chartres *(Décret du 31 mars 1851)*; l'Ecole centrale des Arts et Manufactures *(Décret du 8 février 1874.)*

publique ou libre, ou d'y être employés, les individus qui ont subi une condamnation pour crime ou pour un délit contraire à la probité ou aux mœurs, les individus privés par jugement de tout ou partie des droits mentionnés en l'article 42 du Code pénal (*), et ceux qui ont été interdits en vertu des articles 30 et 33 de la présente loi.

Section 2e. — *Des conditions spéciales aux instituteurs libres.*

Art. 27. — Tout instituteur qui veut ouvrir une école libre doit préalablement déclarer son intention au maire de la commune où il veut s'établir, lui désigner le local et lui donner l'indication des lieux où il a résidé et des professions qu'il a exercées pendant les dix années précédentes.

Les écoles ouvertes sans déclaration doivent être fermées par les soins du maire ou du commissaire de police, soit d'office, soit sur la plainte du Préfet, soit sur celle de l'inspecteur primaire. Cette mesure administrative est complétement indépendante de l'action judiciaire. (*Circulaire du 4 février 1851.*)

Cette déclaration doit être en outre, adressée par le postulant au Préfet *(Recteur de l'Acadé-*

(*) Les tribunaux jugeant correctionnellement pourront, dans certains cas, interdire, en tout ou en partie, l'exercice des droits civiques, civils et de famille suivants : 1° de vote et d'élection; 2° d'éligibilité; 3° d'être appelé ou nommé aux fonctions de juré ou autres fonctions publiques, ou aux emplois de l'administration, ou d'exercer ces fonctions ou emplois; 4° du port d'armes; 5° de vote et de suffrage dans les délibérations de famille; 6° d'être tuteur, curateur, si ce n'est de ses enfants et sur l'avis seulement de la famille; 7° d'être expert ou employé comme témoin dans les actes; 8° de témoignage en justice, autrement que pour y faire de simples déclarations. *(Code pénal, art. 42.)*

mie), au Procureur de la République et au Sous-Préfet.

Elle demeurera affichée, par les soins du maire, à la porte de la mairie, pendant un mois.

Il n'y a pas ouverture d'école libre, soumise à l'accomplissement préalable des formalités prescrites par l'article 27 de la loi du 15 mars 1850, de la part de celui qui donne, soit chez lui, soit au domicile des parents, l'instruction à des enfants de diverses familles, mais isolément et par groupes d'enfants d'une même famille : il y a là seulement enseignement domestique et privée; l'ouverture d'une école, dans le sens précité, n'a lieu autant que des enfants de différentes familles sont réunis habituellement pour recevoir l'enseignement en commun. *(Arrêt de la Cour de Cassation du 27 juillet 1860.)*

Art. 28. — Le Préfet *(Recteur)*, soit d'office, soit sur la plainte du Procureur de la République ou du Sous-Préfet, peut former opposition à l'ouverture de l'école, dans l'intérêt des mœurs publiques, dans le mois qui suit la déclaration à lui faite.

Cette opposition est jugée dans un bref délai, contradictoirement *et sans recours* (*), par le Conseil départemental *(académique)*.

Si le maire refuse d'approuver le local, il est statué à cet égard par ce Conseil.

A défaut d'opposition, l'école peut être ouverte à l'expiration du mois, sans autre formalité.

Art. 29.—Quiconque aura ouvert ou dirigé une école en contravention aux articles 25, 26 et 27, ou avant l'expiration du délai fixé par le dernier paragraphe de l'article 28, sera poursuivi devant

(*) L'article 19 de la loi du 10 avril 1867, permet au Préfet et à l'instituteur d'interjeter appel de la décision du conseil départemental devant le Conseil supérieur.

le tribunal correctionnel du lieu du délit, et condamné à une amende de 50 à 500 fr.

L'école sera fermée.

En cas de récidive, le délinquant sera condamné à un emprisonnement de six jours à un mois et à une amende de 100 à 1000 fr.

La peine de six jours à un mois d'emprisonnement et de 100 fr. à 1000 fr. d'amende sera prononcée contre celui qui, dans le cas d'opposition formée à l'ouverture de son école, l'aura néanmoins ouverte avant qu'il ait été statué sur cette opposition, ou bien au mépris de la décision du Conseil départemental *(académique)* qui aurait accueilli l'opposition.

Ne seront pas considérées comme tenant école les personnes qui, dans un but purement charitable, et sans exercer la profession d'instituteur, enseigneront à lire et à écrire aux enfants, avec l'autorisation du délégué cantonal.

Néanmoins cette autorisation pourra être retirée par le Conseil départemental *(académique)*.

Art. 30. — Tout instituteur libre, sur la plainte du Préfet *(Recteur)* ou du Procureur de la République, pourra être traduit, pour cause de faute grave dans l'exercice de ses fonctions, d'inconduite ou d'immoralité, devant le Conseil départemental *(académique du département)*, et être censuré, suspendu pour un temps qui ne pourra excéder six mois, ou interdit de l'exercice de sa profession dans la commune où il exerce.

Le Conseil départemental *(académique)* peut même le frapper d'une interdiction absolue. Il y aura lieu à appel devant le Conseil supérieur de l'instruction publique.

Cet appel devra être interjeté dans le délai de dix jours, à compter de la notification de la décision, et ne sera pas suspensif.

Section 3e. — *Des Instituteurs communaux.*

Art. 31. — Les instituteurs communaux sont nommés par le Préfet du département *(par le conseil municipal de la commune)* et choisis, soit sur une liste d'admissibilité *et d'avancement* dressée par le Conseil départemental *(académique du département)*, soit sur la présentation qui est faite par les supérieurs pour les membres des associations religieuses vouées à l'enseignement et autorisées par la loi ou reconnues comme établissements d'utilité publique.

Les Consistoires jouissent du droit de présentation pour les instituteurs appartenant aux cultes non catholiques.

Cet article a été modifié par l'article 4 du décret du 9 mars 1852, et par l'article 8 de la loi du 14 juin 1854.

Art. 32. — Il est interdit aux instituteurs communaux d'exercer aucune fonction administrative sans l'autorisation du Conseil départemental.

Toute profession commerciale ou industrielle leur est absolument interdite.

Art. 33. — Le Préfet *(Recteur)* peut, suivant les cas, réprimander, suspendre, avec ou sans privation totale ou partielle de traitement, pour un temps qui n'excédera pas six mois, ou révoquer l'instituteur communal.

L'instituteur révoqué est incapable d'exercer la profession d'instituteur, soit public, soit libre, dans la même commune.

Le Conseil départemental *(académique)* peut, après l'avoir entendu ou dûment appelé, frapper l'instituteur communal d'une interdiction absolue, sauf appel devant le Conseil supérieur de l'instruction publique dans le délai de dix jours, à partir de la notification de la décision. Cet appel n'est pas suspensif.

En cas d'urgence, le maire peut suspendre provisoirement l'instituteur communal, à charge de rendre compte, dans les deux jours, au Prefet *(Recteur)*.

Art. 34. — Le Conseil départemental *(académique)* détermine les écoles publiques auxquelles, d'après le nombre des élèves, il doit être attaché un instituteur adjoint.

Les instituteurs adjoints peuvent n'être âgés que de dix-huit ans et ne sont pas assujettis aux conditions de l'article 25.

Ils sont nommés et révocables par l'instituteur, avec l'agrément du Préfet *(Recteur de l'Académie)*. Les instituteurs adjoints appartenant aux associations religieuses dont il est parlé dans l'article 31 sont nommés et peuvent être révoqués par les supérieurs de ces associations.

Le conseil municipal fixe le traitement des instituteurs adjoints. Ce traitement est à la charge exclusive de la commune.

Le dernier paragraphe de cet article a été remplacé par les articles 3, 4 et 5 de la loi du 10 avril 1867, et par les décrets des 27 juillet 1870 et 20 janvier 1871, qui ont réglé tout ce qui concerne le traitement des instituteurs et des institutrices, des adjoints et des adjointes.

Art. 35. — Tout département est tenu de pourvoir au recrutement des instituteurs communaux, en entretenant des élèves-maîtres, soit dans les établissements d'instruction primaire désignés par le Conseil départemental *(académique)*, soit aussi dans l'Ecole normale établie à cet effet par le département.

Les Ecoles normales peuvent être supprimées

par le Conseil général du département; elles peuvent l'être également par le Ministre, en Conseil supérieur, sur le rapport du Conseil départemental (*académique*), sauf dans les deux cas, le droit acquis aux boursiers en jouissance de leur bourse.

Le programme de l'enseignement, les conditions d'entrée et de sortie, celles qui sont relatives à la nomination du personnel, et tout ce qui concerne les Ecoles normales sera déterminé par un règlement déterminé en Conseil supérieur.

CHAPITRE III.

DES ÉCOLES COMMUNALES.

Art. 36. — Toute commune doit entretenir une ou plusieurs écoles primaires.

Le Conseil départemental (*académique du département*) peut autoriser une commune à se réunir à une ou plusieurs communes voisines pour l'entretien d'une école.

Le conseil départemental peut autoriser une commune à se réunir à une ou plusieurs communes voisines pour l'entretien d'une école; il ne lui appartient pas de prononcer cette réunion contrairement aux vœux des Conseils municipaux; en prescrivant d'office cette réunion, il excède la limite de ses pouvoirs. *(Arrêt du Conseil d'Etat du 18 mars 1865.)*

Toute commune a la faculté d'entretenir une ou plusieurs écoles entièrement gratuites, *à la condition d'y subvenir sur ses propres ressources.*

Le Conseil départemental *(académique)* peut dispenser une commune d'entretenir une école publique, à condition qu'elle pourvoira à l'enseignement primaire gratuit, dans une école libre, de tous les enfants dont les familles sont hors d'état d'y subvenir. Cette dispense peut toujours être retirée.

Dans les communes où les différents cultes reconnus sont professés publiquement, des écoles séparées seront établies pour les enfants appartenant à chacun de ces cultes, sauf ce qui est dit à l'article 15.

La commune peut, avec l'autorisation du Conseil départemental *(académique)*, exiger que l'instituteur communal donne, en tout ou en partie, à son enseignement les développements dont il est parlé à l'article 23.

Le paragraphe 3 de cet article a été modifié par l'article 8 de la loi du 10 avril 1867, qui permet aux départements et à l'Etat de subventionner les communes des écoles gratuites.

Art. 37. — Toute commune doit fournir à l'instituteur un local convenable, tant pour son habitation que pour la tenue de l'école, le mobilier de la classe et un traitement.

La loi du 10 avril 1867 a imposé aux communes l'obligation de fournir à l'institutrice ainsi qu'à l'instituteur adjoint et à l'institutrice adjointe dirigeant une école de hameau, un local convenable, le mobilier de classe et un traitement, et aux adjoints et aux adjointes un traitement et un logement.
Voir la loi de 1867, page 125.

Art. 39. — *Une caisse de retraite sera substituée par un règlement d'administration publique aux caisses d'épargne des instituteurs.*

Cet article a été abrogé par la loi du 9 juin 1853, sur les Pensions civiles.

Art. 10.—A défaut de fondations, dons ou legs, le conseil municipal délibère sur les moyens de pourvoir aux dépenses de l'enseignement primaire dans la commune.

En cas d'insuffisance des revenus ordinaires, il est pourvu à ces dépenses au moyen d'une imposition spéciale votée par le conseil municipal, ou, à défaut du vote de ce conseil, établie par un décret du Pouvoir exécutif. Cette imposition, qui devra être autorisée chaque année par la loi de finances, ne pourra excéder trois centimes additionnels (*) au principal des quatre contributions directes.

Lorsque des communes, soit par elles-mêmes, soit en se réunissant à d'autres communes, n'auront pu subvenir, de la manière qui vient d'être indiquée, aux dépenses de l'école communale, il y sera pourvu sur les ressources ordinaires du département, ou, en cas d'insuffisance, au moyen d'une imposition spéciale votée par le Conseil général, ou, à défaut du vote de ce Conseil, établie par un décret. Cette imposition, autorisée chaque année par la loi des finances, ne pourra excéder trois centimes additionnels *(Loi du 10 avril 1867, art. 14) (deux)* au principal des quatre contributions directes.

Si les ressources communales et départementales ne suffisent pas, le Ministre de l'instruction publique accordera une subvention sur le crédit qui sera porté annuellement pour l'enseignement primaire au budget de l'Etat.

(*) Les communes qui veulent entretenir une ou plusieurs écoles entièrement gratuites peuvent voter, outre l'imposition spéciale de trois centimes, une imposition extraordinaire de quatre centimes additionnels au principal des quatre contributions directes. *(Loi du 10 avril 1867, art. 8.)*

Chaque année, un rapport, annexé au projet de budget, fera connaître l'emploi des fonds alloués pour l'année précédente.

Art. 41. — La rétribution scolaire est perçue dans la même forme que les contributions publiques directes; elle est exempte des droits de timbre et donne droit aux mêmes remises que les autres recouvrements.

Néanmoins, sur l'avis conforme du Conseil général, l'instituteur communal pourra être autorisé par le Conseil départemental *(académique)* à percevoir lui-même la rétribution scolaire.

CHAPITRE IV.

DES DÉLÉGUÉS CANTONAUX ET DES AUTRES AUTORITÉS PRÉPOSÉES A L'ENSEIGNEMENT PRIMAIRE.

Art. 42. — Le Conseil départemental *(académique du département)* désigne un ou plusieurs délégués résidant dans chaque canton, et détermine les écoles particulièrement soumises à la surveillance de chacun.

Les délégués sont nommés pour trois ans ; ils sont rééligibles et révocables. Chaque délégué correspond, tant avec le Conseil départemental *(académique)*, auquel il doit adresser ses rapports, qu'avec les autorités locales pour tout ce qui regarde l'état et les besoins de l'instruction primaire dans sa circonscription.

Il peut, lorsqu'il n'est pas membre du Conseil départemental (*académique*), assister à ses séances avec voix consultative pour les affaires intéressant les écoles de sa circonscription.

Les délégués se réunissent au moins une fois tous les trois mois au chef-lieu de canton, sous la présidence de celui d'entre eux qu'ils désignent, pour convenir des avis à transmettre au Conseil départemental (*académique*).

Art. 43. — A Paris, les délégués nommés pour chaque arrondissement par le Conseil départemental (*académique*) se réunissent, au moins une fois tous les mois, avec le maire, un adjoint, le juge de paix, un curé de l'arrondissement et un ecclésiastique, ces deux derniers désignés par l'Archevêque, pour s'entendre au sujet de la surveillance locale et pour convenir des avis à transmettre au Conseil départemental (*académique*). Les ministres des cultes non catholiques reconnus, s'il y a dans l'arrondissement des écoles suivies par des enfants appartenant à ces cultes, assistent à ces réunions avec voix délibérative.

La réunion est présidée par le maire.

Art. 44. — Les autorités locales préposées à la surveillance et à la direction morale de l'enseignement primaire sont, pour chaque école, le maire, le curé, le pasteur ou le délégué du culte israélite, et dans les communes de deux mille âmes et au-dessus, un ou plusieurs habitants de la commune, délégués par le Conseil départemental (*académique*).

Les ministres des différents cultes sont spécialement chargés de surveiller l'enseignement religieux de l'école.

L'entrée de l'école leur est toujours ouverte.

Dans les communes où il existe des écoles mixtes, un ministre de chaque culte aura toujours l'entrée de l'école pour veiller à l'éducation religieuse des enfants de son culte.

Lorsqu'il y a pour chaque culte des écoles séparés, les enfants d'un culte ne doivent être admis dans l'école d'un autre culte que sur la volonté formellement exprimée par les parents.

Art. 45. — Le maire dresse, chaque année, de concert avec les ministres des différents cultes la liste des enfants qui doivent être admis gratuitement dans les écoles publiques. Cette liste est approuvée par le conseil municipal, et définitivement arrêtée par le Préfet.

Voir, pour la formation des listes de gratuité, le décret du 28 mars 1866.

Art. 46. — Chaque année, le Conseil départemental (*académique*) nomme une commission d'examen chargé de juger publiquement, et à des époques déterminées par le Recteur, l'aptitude des aspirants au brevet de capacité, quel que soit le lieu de leur domicile.

Cette commission se compose de sept membres et choisit son président.

Un inspecteur d'arrondissement pour l'instruction primaire, un ministre du culte professé par le candidat, et deux membres de l'enseignement public ou libre, en font nécessairement partie.

L'examen ne portera que sur les matières comprises dans la première partie de l'article 23.

La loi du 10 avril 1867 (art. 16) a ajouté aux matières obligatoires des éléments de l'histoire et de la géographie de la France. (Voir page 130.)

Les candidats qui voudront être examinés sur tout ou partie des autres matières spécifiées dans le même article en feront la demande à la commission. Les brevets délivrés feront mention des matières spéciales sur lesquelles les candidats auront répondu d'une manière satisfaisante.

La loi du 21 juin 1865 a ajouté aux matières facultatives : le dessin d'ornement, le dessin d'imitation, les langues vivantes étrangères, la tenue des livres et des éléments de géométrie.

Art. 47. — Le Conseil départemental (*académique*) délivre, s'il y a lieu, des certificats aux personnes qui justifient avoir enseigné pendant trois ans au moins les matières comprises dans la première partie de l'article 23, et dans l'article 16 de la loi du 10 avril 1867 (*de l'article 23*), dans les écoles publiques ou libres autorisées à recevoir des stagiaires.

Les élèves-maîtres sont, pendant la durée de leur stage, spécialement surveillés par les inspecteurs de l'enseignement primaire.

CHAPITRE V.

DES ÉCOLES DE FILLES.

Voir, pour la législation des écoles de filles, la loi du 14 juin 1859, et la loi du 10 avril 1867, page 125.

Art. 48. — L'enseignement primaire dans les écoles de filles comprend, outre les matières de l'enseignement primaire énoncées dans l'article 23 et dans l'article 16 de la loi du 10 avril 1867 (*dans l'article 23*), les travaux à l'aiguille.

Art. 49. — Les lettres d'obédience tiendront lieu de brevet de capacité aux institutrices appartenant à des congrégations religieuses vouées à l'enseignement et reconnues par l'Etat.

L'examen des institutrices n'aura pas lieu publiquement.

Art. 50. — Tout ce qui se rapporte à l'examen des institutrices, à la surveillance et à l'inspection des écoles de filles, sera l'objet d'un règlement délibéré en Conseil supérieur. Les autres dispositions de la présente loi relatives aux écoles et aux instituteurs sont applicables aux écoles de filles et aux institutrices, à l'exception des articles 38, 39, 40 et 41.

Art. 51. — *Toute commune de huit cents âmes de population et au-dessus est tenue, si ses propres ressources lui en fournissent les moyens, d'avoir au moins une école de filles, sauf ce qui est dit à l'article 15.*

Le conseil départemental (*académique*) peut, en outre, obliger les communes d'une population inférieure à entretenir, si leurs ressources ordinaires le leur permettent, une école de filles, et, en cas de réunion de plusieurs communes pour l'enseignement primaire, il pourra, selon les circonstances, décider que l'école de garçons et l'école de filles seront dans deux communes différentes. Il prend l'avis du conseil municipal.

Le premier paragraphe de cet article a été remplacé par le premier paragraphe de l'article 1er et par les paragraphes 1 et 2 de l'article 2 de la loi du 10 avril 1867. (Voir page 125.)

Art. 52. — Aucune école primaire, publique ou libre, ne peut, sans l'autorisation du Conseil départemental (*académique*), recevoir d'enfants des deux sexes, s'il existe dans la commune une école publique ou libre de filles.

Voir, pour la sanction légale, en ce qui concerne l'enseignement libre, l'article 20 de la loi du 10 avril 1867. (Page 131.)

CHAPITRE VI.

INSTITUTIONS COMPLÉMENTAIRES.

Section 1re. — *Des pensionnats primaires.*

Art. 53. — Tout Français, âgé de vingt-cinq ans, ayant au moins cinq années d'exercice comme instituteur ou comme maître dans un pensionnat primaire, et remplissant les conditions énumérées en l'article 25, peut ouvrir un pensionnat primaire, après avoir déclaré son intention au Préfet du département (*Recteur de l'Académie*) et au maire de la commune. Toutefois, les instituteurs communaux ne pourront ouvrir de pensionnat qu'avec l'autorisation du Conseil départemental (*académique*), sur l'avis du conseil municipal.

Le programme de l'enseignement et le plan du local doivent être adressés au maire et au Préfet (*Recteur*).

Le Conseil départemental (*académique*) prescrira, dans l'intérêt de la moralité et de la santé des élèves, toutes les mesures qui seront indiquées dans un règlement délibéré par le Conseil supérieur (*).

Les pensionnats primaires sont soumis aux prescriptions des articles 26, 27, 28, 29 et 30 de la présente loi, et à la surveillance des autorités qu'elle institue.

Ces dispositions sont applicables aux pensionnats de filles, en tout ce qui n'est pas contraire

(*) Voir le décret du 30 décembre 1850 sur les pensionnats primaires.

aux conditions prescrites par le chapitre V de la présente loi.

Section 2e. — *Des écoles d'adultes et d'apprentis.*

Voir, pour les écoles d'adultes, les articles 7 et 14 de la loi du 10 avril 1867.

Art. 54. — Il peut être créé des écoles primaires communales pour les adultes au-dessus de dix-huit ans, pour les apprentis au-dessus de douze ans.

Le Conseil départemental (*académique*) désigne les instituteurs chargés de diriger les écoles communales d'adultes et d'apprentis.

Il ne peut être reçu dans ces écoles d'élèves des deux sexes.

Art. 55. — Les articles 27, 28, 29 et 30 sont applicables aux instituteurs libres qui veulent ouvrir des écoles d'adultes ou d'apprentis.

Art. — 56. — Il sera ouvert chaque année, au budget du Ministre de l'instruction publique, un crédit pour encourager les auteurs de livres ou de méthodes utiles à l'instruction primaire et à la fondation d'institutions telles que :

Les écoles du dimanche,

Les écoles dans les ateliers et les manufactures,

Les classes dans les hôpitaux,

Les cours publics ouverts conformément à l'article 77,

Les bibliothèques de livres utiles,

Et autres institutions dont les statuts auront été soumis à l'examen de l'autorité compétente.

Section 3e. — *Des salles d'asile.*

Art. 57. — Les salles d'asiles sont publiques ou libres.

Un décret du Président de la République, rendu sur l'avis du Conseil supérieur, déterminera tout ce qui se rapporte à la surveillance et à l'inspection de ces établissements, ainsi qu'aux conditions d'âge, d'aptitude, de moralité, des personnes qui seront chargées de la direction et du service dans les salles d'asile publiques.

Les infractions à ce décret seront punies des peines établies par les articles 29, 30 et 33 de la présente loi.

Ce décret déterminera également le programme de l'enseignement et des exercices dans les salles d'asile publiques, et tout ce qui se rapporte au traitement des personnes qui y seront chargées de la direction ou du service.

Voir le décret du 21 mars 1855.

Art. 58. — Les personnes chargées de la direction des salles d'asile publiques seront nommées par le Préfet (*par le conseil municipal, sauf l'approbation du Conseil académique*).

L'article 23 du décret du 21 mars 1855 a donné au Préfet la nomination des directrices des salles d'asile.

Art. 59. — Les salles d'asile libres peuvent recevoir des secours sur les budgets des communes, des départements et de l'Etat.

LOI

SUR L'ENSEIGNEMENT PRIMAIRE.

(10 avril 1867).

M. V. DURUY,
MINISTRE DE L'INSTRUCTION PUBLIQUE.

Art. 1er. — Toute commune de cinq cents habitants et au-dessus est tenue d'avoir au moins une école publique de filles, si elle n'en est pas dispensée par le Conseil départemental, en vertu de l'article 15 de la loi du 15 mars 1850.

Dans toute école mixte tenue par un instituteur, une femme nommée par le Préfet, sur la proposition du maire, est chargée de diriger les travaux à l'aiguille des filles. Son traitement est fixé par le Préfet, après avis du conseil municipal.

Art. 2. — Le nombre des écoles publiques de garçons ou de filles à établir dans chaque commune est fixé par le Conseil départemental, sur l'avis du conseil municipal.

Le Conseil départemental détermine les écoles publiques de filles auxquelles, d'après le nombre des élèves, il doit être attaché une institutrice adjointe.

Les paragraphes 2 et 3 de l'article 34 de la loi du 15 mars 1850 sont applicables aux institutrices adjointes.

Ce conseil détermine, en outre, sur l'avis du conseil municipal, le cas où, à raison des circonstances, il peut être établi une ou plusieurs écoles de hameau dirigées par des adjoints ou des adjointes.

Les décisions prises par le Conseil départemental, en vertu des paragraphes 1, 2 et 4 du présent article, sont soumises à l'approbation du Ministre de l'instruction publique.

Art. 3. — Toute commune doit fournir à l'institutrice, ainsi qu'à l'instituteur adjoint et à l'institutrice adjointe dirigeant une école de hameau, un local convenable, tant pour leur habitation que pour la tenue de l'école, le mobilier de classe et un traitement.

Elle doit fournir à l'adjoint et à l'adjointe un traitement et un logement.

Art. 4. — Les institutrices communales sont divisées en deux classes.

Le traitement de la première classe ne peut être inférieur à 600 francs (*500 francs*) et celui de la seconde à 500 francs (*400 francs*).

Cet article a été modifié par les articles 4 et 6 du décret du 27 juillet 1870.

Art. 5. — Les instituteurs adjoints sont divisés en deux classes.

Le traitement de la première classe ne peut être inférieur à 600 francs (*500 francs*) et celui de la seconde à 500 francs (*400 francs*).

Le traitement des institutrices adjointes est fixé à 450 francs (*350 francs*).

Le traitement des adjoints et adjointes tenant une école de hameau est déterminé par le Préfet, sur l'avis du conseil municipal et du Conseil départemental.

Le traitement des instituteurs adjoints et des institutrices adjointes a été augmenté par la loi de finances du 20 décembre 1872 (décret du 20 janvier 1873).

Art. 6. — Dans le cas où un ou plusieurs adjoints ou adjointes sont attachés à une école, le Conseil départemental peut décider, sur la proposition du conseil municipal, qu'une partie du produit de la rétribution scolaire servira à former leur traitement.

Art. 7. — Une indemnité, fixée par le Ministre de l'instruction publique, après avis du conseil municipal et sur la proposition du Préfet, peut être accordée annuellement aux instituteurs et institutrices dirigeant une classe communale d'adultes, payante ou gratuite, établie en conformité du paragraphe 1er de l'article 2 de la présente loi.

Art. 8. — Toute commune qui veut user de la faculté accordée par le paragraphe 3 de l'article 36 de la loi du 15 mars 1850 d'entretenir une ou plusieurs écoles entièrement gratuites peut, en sus de ses ressources propres et des centimes spéciaux autorisés par la même loi, affecter à cet entretien le produit d'une imposition extraordinaire qui n'excédera pas quatre centimes additionnels au principal des quatre contributions directes.

En cas d'insuffisance des ressources indiquées au paragraphe qui précède, et sur l'avis du Conseil départemental, une subvention peut être accordée à la commune sur les fonds du département, et, à leur défaut, sur les fonds de l'État, dans les limites du crédit spécial porté annuellement, à cet effet, au budget du Ministère de l'instruction publique.

Art. 9. — Dans les communes où la gratuité est établie en vertu de la présente loi, le traitement des instituteurs et des institutrices publics se compose :

1° D'un traitement fixe de 200 francs ;

2° D'un traitement éventuel calculé à raison du nombre d'élèves présents, d'après un taux de rétribution déterminé, chaque année, par le Préfet, sur l'avis du conseil municipal et du Conseil départemental ;

3° D'un supplément accordé à tous les instituteurs et institutrices dont le traitement fixe, joint au profit de l'éventuel, n'atteint pas, pour les instituteurs, les *minima* déterminés par les articles 1, 2 et 3 du décret du 27 juillet 1870 (*l'article 38 de la loi du 15 mars 1850 et par le décret du 19 avril 1862*), et, pour les institutrices, les *minima* déterminés par l'article 4 du décret du 27 juillet 1870 (*l'article 4 ci-dessus*).

Art. 10. — Dans les autres communes, le traitement des instituteurs et des institutrices publics se compose :

1° D'un traitement fixe de 200 francs ;

2° Du produit de la rétribution scolaire ;

3° D'un traitement éventuel calculé à raison du nombre d'élèves gratuits présents à l'école, d'après un taux déterminé chaque année par le Préfet, sur l'avis du conseil municipal et du Conseil départemental ;

4° D'un supplément accordé à tous les instituteurs et institutrices dont le traitement fixe, joint au produit de la rétribution scolaire et du traitement éventuel, n'atteint pas, pour les instituteurs, les *minima* déterminés par les articles 1, 2 et 3 du décret du 27 juillet 1870 (*l'article 38 de la loi du 15 mars 1850 et par le décret du 19 avril 1862*), et, pour les institutrices, les *minima* déterminés par l'article 4 du décret du 27 juillet 1870 (*l'article 4 ci-dessus*).

Art. 11. — Le traitement déterminé, conformément aux deux articles précédents, pour les instituteurs et institutrices en exercice au moment de la promulgation de la présente loi, ne peut être inférieur à la moyenne de leurs émoluments pendant les trois dernières années.

Art. 12. — Le Préfet du département et le maire de la commune peuvent se pourvoir devant le Ministre de l'instruction publique contre les délibérations du Conseil départemental, prises en vertu du deuxième paragraphe de l'article 15 de la loi de 1850, pour la fixation du taux de la rétribution scolaire.

Art. 13. — Dans les communes qui n'ont point à réclamer le concours du département ni de l'Etat pour former le traitement des instituteurs et institutrices, tel qu'il est déterminé par les articles 9 et 10, ce traitement peut, sur la demande du conseil municipal, être remplacé par un traitement fixe, avec l'approbation du Préfet, sur l'avis du Conseil départemental.

Art. 14. — Il est pourvu aux dépenses résultant des articles 1, 2, 3, 4, 5 et 7 ci-dessus, comme à celles résultant de la loi de 1850, au moyen des ressources énumérées dans l'article 40 de ladite loi, augmentées d'un troisième centime départemental et additionnel au principal des quatre contributions directes.

Art. 15. — Une délibération du conseil municipal, approuvée par le Préfet, peut créer, dans toute commune, une caisse des écoles destinée à encourager et à faciliter la fréquentation de l'école par des récompenses aux élèves assidus et par des secours aux élèves indigents.

Le revenu de la caisse se compose de cotisations volontaires et de subventions de la commune, du département et de l'Etat. Elle peut recevoir, avec l'autorisation des Préfets, des dons et des legs.

Plusieurs communes peuvent être autorisées à

se réunir pour la formation et l'entretien de cette caisse.

Le service de la caisse des écoles est fait gratuitement par le percepteur.

Art. 16. — Les éléments de l'histoire et de la géographie de la France sont ajoutés aux matières obligatoires de l'enseignement primaire.

Art. 17. — Sont soumises à l'inspection, comme les écoles publiques, les écoles libres qui tiennent lieu d'écoles publiques, aux termes du quatrième paragraphe de l'article 36 de la loi de 1850, ou qui reçoivent une subvention de la commune, du département ou de l'Etat.

Art. 18. — L'engagement de se vouer pendant dix ans à l'enseignement public, prévu par l'article 79 de la même loi, peut être réalisé, tant par les instituteurs que par leurs adjoints, dans celles des écoles mentionnées à l'article précédent qui sont désignées à cet effet par le Ministre de l'instruction publique, après avis du Conseil départemental.

L'engagement décennal peut être contracté, avant le tirage, par les instituteurs ajoints des écoles désignées ainsi qu'il vient d'être dit.

Sont applicables à ces mêmes ecoles les dispositions de l'article 34 de la loi de 1850, concernant la fixation du nombre des adjoints, ainsi que le mode de leur nomination et de leur révocation.

Art. 19. — Les décisions du Conseil départemental, rendues dans les cas prévus par l'article 28 de la loi de 1850, peuvent être déférées, par voie d'appel, au Conseil supérieur (*impérial*) de l'instruction publique.

Cet appel doit être interjeté dans le délai de dix jours, à compter de la notification de la décision.

Art. 20. — Tout instituteur ou toute institutrice libre qui, sans en avoir obtenu l'autorisation du Conseil départemental, reçoit dans son école des enfants d'un sexe différent du sien, est passible des peines portées à l'article 29 de la loi de 1850.

Art. 21. — Aucune école primaire, publique ou libre, ne peut, sans l'autorisation du Conseil départemental, recevoir des enfants au-dessous de six ans, s'il existe dans la commune une salle d'asile publique ou libre.

Art. 22. — Sont abrogées les dispositions des lois antérieures en ce qu'elles ont de contraire à la présente loi.

OUVRAGES DU MÊME AUTEUR :

Les Attributions du Curé dans les Écoles

4e édition.

PRIX : 75 C.

MM. les Curés trouveront dans cet opuscule un résumé clair de leurs droits dans les écoles. Ils y verront aussi la loi qui nous régit, *ses causes, sa nature, ses résultats, son importance et la manière d'user de leurs droits avec mesure et discrétion.*

Les Cours d'Adultes

2e édition.

PRIX : 75 C.

L'auteur en montre l'utilité sous le triple rapport des *mœurs,* de la *politesse* et de l'*instruction;* puis il trace le rôle du maire, du curé et du délégué, et il termine par une comparaison de nos écoles avec les écoles d'Allemagne.

La Manière d'interroger dans les Écoles, avec questionnaires et réponses

PRIX : 2 FR.

Dans la première partie, l'auteur fait connaître cinq méthodes différentes pour visiter les écoles avec profit.

Dans la deuxième partie, il donne des *questionnaires avec réponses* sur toutes les branches de l'enseignement, c'est-à-dire sur l'Histoire de France, la Géographie, le Calcul, la Grammaire et l'Histoire Sainte, sans oublier les matières facultatives.

Cet ouvrage convient aux Délégués cantonaux, aux Maires, aux Curés, aux Instituteurs et aux Institutrices.

TABLE DES MATIÈRES

PREMIÈRE PARTIE.

DÉLÉGATION CANTONALE.

CHAPITRE PREMIER.

CHAPITRE SECOND.

CHAPITRE TROISIÈME.

CHAPITRE QUATRIÈME.

8.

CHAPITRE CINQUIÈME.

CHAPITRE SIXIÈME.

CHAPITRE SEPTIÈME.

DEUXIÈME PARTIE.

DÉLÉGATION COMMUNALE.

FIN DE LA TABLE DES MATIÈRES.

Imp. de Pont-à-Mousson et de l'*Echo lorrain*, rue des Potiers, 38.

www.ingramcontent.com/pod-product-compliance
Ingram Content Group UK Ltd.
Pitfield, Milton Keynes, MK11 3LW, UK
UKHW021005230726
13924UKWH00009B/1684

9 782019 709129